명인(名人) **김철호**의

멀리 내다보니
창업 이야기

명인(名人) 김철호의
멀리 내다보니 창업 이야기

초판 1쇄 발행 2023년 3월 3일

지은이	김철호
펴낸곳	크레파스북
펴낸이	장미옥
디자인	디자인팜
출판등록	2017년 8월 23일 제2017-000292호
주소	서울시 마포구 성지길 25-11 오구빌딩 3층
전화	02-701-0633
팩스	02-717-2285
이메일	crepas_book@naver.com
인스타그램	www.instagram.com/crepas_book
페이스북	www.facebook.com/crepasbook
네이버포스트	post.naver.com/crepas_book

ISBN	979-11-89586-60-7
정가	15,000원

명인(名人) 김철호의

멀리 내다보니
창업 이야기

자영업자들과 창업 생태계의 현실조언

김 철 호

크레파스북

들어가며

'계곡가든'을 창업을 한지는 30년이 넘었다. 계곡가든은 그 세월동안 많은 변모를 거쳤다. 계곡가든은 간장게장의 대명사가 되었고, 20여평에서 시작한 식당은 어느덧 대규모 주차창을 갖춘 3300여평 규모로 커졌다.

방송도 나오고 신문에도 여러 번 소개되었다.

덕분에 찾아오는 사람도 많아졌다.

찾아오는 사람들은 각양각색이었다. 외식업 종사자 뿐만 아니라, 사업에 실패한자, 회사원, 실업자, 학생, 주부, 은퇴를 앞둔 사람등 다양했다. 사람들은 다양했지만 공통분모가 하나 있었다. 그것은 절실하다는 것이었다. 사연을 들어보면 하나같이 절실했다. 어떻게 해든 성공창업이라는 타이틀이 긴급한 이들이었다.

이들이 나를 찾아오는 이유는 딱 하나의 물음 때문이었다.

"어떻게 하면 외식에서 성공할까요?"

이런 질문에 접하다보면 난감해진다. 내가 이들에게 '딱히 해줄 수 있는 특별한 권고가 없었기 때문이다'.

내가 해줄 수 있는 권고는 '기본 원칙을 지켜라'였다. 성공창업은 기본

원칙을 지키고 그것을 실천시키는 사람에게 다가오는 것이라는 믿음에는 지금도 변함이 없다.

그러면 실망한 기색이 연연했다. 그 뻔한 이야기를 들으려 경기도, 충청도, 경상도, 강원도에서 심지어 제주도에서 전라도 군산까지 찾아온 것은 아니라는 항변이었다.

그들에게는 실망스럽겠지만 이게 성공창업의 명제인데 어쩌란 말인가?

그러면 실망하는 그들에게 나는 두 번째 얘기를 해준다. 그것은 '창업금지'이다. 어이없이 쳐다보는 그들의 얼굴을 보면서도 나는 물러서지 않았다. 기본 원칙을 받아들일 수 없다면 차라리 창업을 하지 말아야 한다.

"원칙을 지키고 원칙을 반드시 실천하세요."

"절대 창업하지 마세요."

이 두 가지는 창업의 정언 명제이다. 정언 명제를 받아들이지 않는 이상 더 이상 대화는 무의미하다.

창업은 결과로 말하는 과정이다. 결과가 좋지 않으면 창업의 과정이 아무리 훌륭하다하더라도 성공이란 타이틀을 잡을 수 없다.

다시 강조하자면 결과다. 결과만이 모든 것을 말할 수 있다. 그런데 곰곰이 생각해보면 과정 또한 중요하다. 훌륭한 결과는 훌륭한 과정이 있기 때문에 가능한 것이다. 과정이 훌륭하지 않은데 성공창업이라는 타이틀을 따낼 수는 없다.

만일 과정이 시원찮은데도 성공창업이라는 타이틀을 따냈다하면 그것은 어찌된 일일까?

그것은 정말 우연일까?

우연 속에는 혹 필연이 숨어 있지 않을까?

내가 이 책을 쓰게 된 것은 바로 이 같은 의문 때문이었다.

성공창업에 숨어있는 기본원칙을 찾고 싶었다. 교과서에 나오는 고정된 원칙이 아닌(사실 이것은 원칙이 아니다. 오히려 성공창업을 가로막는 고정관념인 경우가 많다) 실제 성공창업과정에서 숨어 있는 원칙을 드러내고 싶었다. 숨어 있는 원칙은 그러니까 끊임없이 변하는 실 생활 속에서 유연하게 적용되는 경험상의 원칙들이다. 이 원칙들은 강력한 힘을 갖고 있다. 원칙들을 지속적으로, 그리고 강력하게 주입시키면 반드시 성공가도를 달리게 된다. 이것은 확실하다고 장담할 수 있다.

숨어 있는 원칙은 경험에서만 찾은 게 아니다. 고사, 사자성어, 한시 등 고전의 도움을 받았다. 30여 년간 계곡가든을 성공적으로 이끌어온 기본원칙을 고전을 통해서 다시 확인하는 과정을 거친 것이다.

건곤일척(乾坤一擲)의 승부수, 구맹주신(狗猛酒酸)을 기억하라, 득롱망촉(得隴望蜀)의 교훈. 또한 좌정관천(坐井觀天)의 우를 범하지 말라, 방약무인(傍若無人) 해지기 전에, 상저옥배(象箸玉杯)의 교훈, 승풍파랑(乘風破浪)을 펼쳐라, 수적천석(水滴穿石)의 교훈을 배우자, 삼성오신(三省吾身)의 자세, 사제사초(事齊事楚)로 인한 창업 선택, 거이기양이체(居移氣養移體) 체질음식으로 승부하라 등 이 책은 고전의 도움을 많이 받았다. 따라서 이 책은 고전 속에서 찾은 성공창업의 기본원칙이라 할 수도 있다.

지은이 김철호

차례

02 창업에 지름길은 없다

03 요동치는 창업 시장에서 살아남으려면

01

사자성어로 알아보는
창업가 정신

코로나 시대에 창업은 망한다?
'건곤일척(乾坤一擲)'의 승부수가 필요하다

외식업에 종사하는 이들이라면 지금의 시기를 '역사상 최악의 시기'라고 단정할 수 있다. 소비자들의 지갑은 도통 열리지 않고 백신접종이 진행되고 있지만 아직도 거리두기와 인원제한 모임은 유효하다. 한국은행이 발표하는 소비자 심리지수는 지난 5월 24일 기준 105.2다. 평년 110이 넘어갔던 것을 생각했다면 아직도 쉬이 낙관을 전망하지 못한다. 소비자심리지수는 1월부터 12월까지의 기준값을 100으로 두고 이보다 높으면 낙관적, 낮으면 비관적으로 해석할 수 있다.

하지만 아이러니하게도 이런 불경기가 음식장사를 하기엔 최적의 시기다. 확실한 맛과 정성이 보장된다면 소비자들은 실험적인 소비보다 검증된 소비를 위해 기꺼이 지갑을 연다. 물론 '확실한 맛과 정성'이 절대 쉬운 일은 아니다. 이윤을 남겨야 하는 장사의 본질에서 이윤을 넘어서는 과한 정성을 들이긴 어려운 실정이다.

하지만 바꿔 생각해보면 그럼에도 불구하고 메뉴의 맛을 위해 정성을 들이는 점주가 있다면 소비자들의 선택을 받기는 용이해진다. 특히 소자본 창업일수록 재료의 신선함과 맛의 진정성이 중요한데, 이는 점포 크기 뿐 아니라 상권이 좋지 못한 곳에 창업을 하게 될 확률이 크기 때문에 좋은 재료로 정말 음식을 맛있게 만드는 '동네 맛집'이 되어야 한다는 이야기다.

여기서 중요한 점이 하나 있는데, 바로 음식점 주인의 뚝심이다. 예를 들어 요즘 고춧가루가 비싼데, 사람들은 국산과 중국산을 구별할 줄 모른다. 가격차이는 어마어마한데도 말이다. 그럼에도 불구하고 국내산 고춧가루를 쓴다는 문구를 매장 내에 큼지막하게 써서 걸어둔다는 것은 보통 결단력과 의지가 있어야 하는 것이 아니다. 소비자들을 위해 우리가 이것 하나만큼은 양보하지 않고 밀고 나간다 하는 의지를 내보이는 것이 중요하다.

불경기에는 푸드테크를 이용한 스마트한 창업도 과감히 시도해 볼만하다. 소비자들은 맛은 익숙한 것을 찾지만 공간과 시설은 낯선 곳에 끌리기 때문이다. 키오스크는 물론, 서빙로봇, 스마트한 메뉴보드 등을 도입해 소비자들의 이목을 집중 시킬 필요가 있다. 초기 투자비용이야 들겠지만 후에 인건비 절감은 점주로서 다양한 편의성이 보장되니 과감히 시도해 볼 필요가 있다.

당(唐)나라의 문인이자 당송팔대가의 한 사람인 한유(韓愈)가 옛날 항우(項羽)와 유방(劉邦)이 천하를 놓고 싸우면서 경계선으로 삼았던 홍구(鴻溝)를 지나다가 시를 하나 지은 적이 있다. "용도 지치고 범도 피곤하여 강과 들을 나누니, 억만창생의 목숨이 보전되었네. 누가 왕에게 권해 말머리 돌려, 실로 일척에 건곤을 걸게 했는가"라는 시다. 이 시의 마지막 구절에서 '건곤일척(乾坤一擲)'이 유래했다. 주사위를 한 번 던져 승패를 건다는 뜻으로, 운명을 걸고 온 힘을 기울여 겨루는 마지막 한판 승부를 이르는 말이다. 지금 이러한 시기에 음식점 창업을 결심했다면 좋은 재료로 맛있는 음식을 손님에게 제공하겠다는 마음 혹은 스마트한 푸드테크로 소비자들을 끌어들이겠다는 마음, 이러한 '건곤일척'급 승부수는 띄워야 하지 않겠는가.

자강불식(自强不息)의 태도로 고객의 원츠(want)를 파악하라

연일 미디어에서 자영업자들의 시위 소식이 들려온다. 이대로 가다간 정말 죽겠다라는 창업자들의 곡[哭]소리가 끊이지 않는다. 누구는 IMF 때보다 더 힘들다 토로하고 또 누구는 하루에도 몇 번씩 폐업 신고를 하려고 마음 먹는다. 청년들의 구직난과 결혼난이 만들어 낸 '헬지옥'이라는 신조어가 창업자들 사이에서도 심심찮게 회자되는 것이 요즘의 대한민국 창업 생태계의 현실을 대변해주고 있다. 하지만 우리는 계속 삶을 살아가야 한다. 불경기에 고객들의 발길을 끌어들이기 위해 방도를 찾아야 한다. 오늘의 이 글이 좌절하고 잇는 창업자들에게 조금이나마 도움이 되길 바란다.

자강불식(自强不息)이라는 고사성어가 있다. 스스로 힘써 몸과 마음을 가다듬고 쉬지 않는다는 의미다. 이 고사성어는 요즘처럼 불경기 일 때 창업자들이 마음에 담아둬야 하는 말 일 것 같다. 불경기를 탓할 시간에 고객이 무엇을 원하는지 정확하고 세세히 파악하라는 것. 그리고 파악이 되면 그것에 맞게 점포 운영을 변형 시키는 것. 이것이 바로 필자가 전하고 싶은 이야기다.

고객에게는 니즈(needs)와 원츠(want)가 존재한다. 니즈는 인간에게 기본적으로 있어야 할 것이 결핍되어 있는 상태를 의미한다. 반면 원츠는 기본적인 결핍상태를 충족시킬 수 있는 구체적 수단이다. 동일한 니즈에 대해 소비자 별로 원츠가 다르다. 원츠는 개인이 갖고 있는 라이프스타일이나 개성과 같은 심리적 특성에 크게 영향을 받는다고 한다. 한마디로 니즈는 직접적 신호를, 원츠는 간접신호를 뜻한다.

소비자들을 끌어드리기 위해선 소비자의 원츠를 재빨리 파악하는 것이 중요하다. 원츠는 고객의 잠재적인 욕구로 이렇게 하면 고객이 좋아할 것으로 예상하는 것이다. 예를 들어 커피숍의 물이 줄어들거나 고객이 밥을 먹는 속도를 보며 리필여부를 파악하는 것이다. 그들이 말하기 전에 그들의 태도를 보며 그들이 원하는 것을 미리 캐치하는 것이다. 반면 니즈는 이렇게 해달라고 주체적이고 명확하게 요구하는 것이다.

고객의 니즈는 점점 다양해가고 있다. 고객의 직접적인 신호인 니즈 뿐 아니라 고객의 태도에서 나타나는 간접적인 신호인 원츠까지 충족시켜주면 고객의 지속적인 유지가 가능할 것이다. 고객의 원츠를 파악하려면 우선 고객을 바라보는 시선이 바뀌어야 한다. 손님 그 이상의 시선으로 바라볼 필요가 있다. 그들의 몸짓, 말투, 행동 모든 것에서 원츠가 나타난다. 그들이 말을 꺼내기 전 먼저 그들이 원하는 것을 들어준다면, 이보다 센스 있는 이가 어디 있겠는가?

스스로 힘써 몸과 마음을 가다듬고 쉬지 않는다는 의미의 자강불식(自强不息). 불경기일수록 우리는 더욱 치열하게 고민하고 실행에 옮겨야 한다.

불경기 돌파의 해답이 자강불식에 있다고 단정짓지는 못하겠지만, 적어도 이러한 고사성어를 마음에 품고 점포를 운영한다면 후에 지금의 순간들을 후회하는 일만큼은 없을 것이라 장담한다.

장사가 안 된다면
구맹주산(狗猛酒酸)을 기억하라

며칠 전 지인과 소위 맛집이라고 하는 식당에 찾아 간 적이 있다. 음식의 차림새도 좋고 맛도 좋아 즐겁게 식사를 즐기고 있는 와중에 종업원의 잘못된 서비스 마인드로 인해 마음을 상한 적이 있다. 그 종업원은 오고가는 발걸음에 무기력함이 배어 있었고, 손님들과 나누는 대화 속에는 날카로운 칼이 들어 있는 것 같았다. 그에 반해 가게 주인으로 보이는 이는 손님들에게 연신 웃으며 잘 하는 것을 보고, '아 여기는 전형적인 구맹주산의 가게이구나'라고 느낀 적이 있다. 창업자들을 대상으로 강의를 할 때 내가 곧잘 언급하는 이야기가 있다. "사나운 개가 술을 시어지게 한다"라는 뜻을 가진 구맹주산(狗猛酒酸)이라는 사자성어에 얽힌 이야기다.

중국 송(宋)나라에 술을 파는 사람이 있었다. 그는 술을 만드는 재주가 뛰어나고 손님들에게도 공손했으며 정직하게 술을 팔았다. 그런데도 그의 술집은 다른 집보다 장사가 잘 되지 않았다. 이상하게 생각한 그는 마을 어른에게 그 이유를 물었다. 마을 어른의 대답은 이러했다. 자네 집 개가 사나운가? 그것 때문일세. 개가 사납다고 술이 안 팔린다니 무슨 이유입니까? 그러자 마을 어른은 이렇게 말했다.

"사람들이 두려워하기 때문이지. 어떤 사람이 어린 자식을 시켜 술을 받아 오라고 했는데 술집 개가 덤벼들어 그 아이를 물어. 그러면 사람들이 그 주막에 다시 찾아가겠는가? 그래서 술이 안 팔리고 맛은 점점 시큼해지는 것일세."

술집 주인은 자신에게 꼬리치는 그 개가 사나운지 몰랐지만 손님들에겐 두려움의 대상이었던 것이다. 개가 무서워 술집을 찾을 수 없으니 술이 쉰다는 말이다. 구맹주산. 즉, 사나운 개가 술을 쉽게 만드는 것이다.

구맹주산의 이야기를 곱씹어보면 '서비스'에 관해 우리가 생각해봐야 할 것들이 많아진다. 장사는 '나만 잘하면 돼지'라는 마인드로 해서는 안 된다. '나만 잘 하면 돼지'라는 생각이 위험하다는 것도 구맹주산의 이야기에서부터 비롯한다. 첫 번째로 맞이하는 사람이 누구인가에 따라서 그 가게에 대한 이미지가 달라진다. 주인은 한 명이고 점원은 열 명이라면 주인 혼자 손님을 맞아봤자 동시에 두 세 명을 맞을 순 없다. 직원 교육을 제대로 시키지 않고 자신만 친절하고 부지런하다고 해서 무슨 소용인가. 불량한 태도를 지닌 점원들이 가게에 수두룩하게 버티고 있다면, 주인이 맞이하지 않는 수많은 고객들은 다시는 그 가게를 찾지 않는다.

가게의 주인이 테이블 한 손님 더 시중 든다고 가게 매출이 오르는 것은 아니다. 가게의 주인은 직원의 서비스 마인드 교육을 철저히 해야 하고, 그들이 제대로 고객을 맞이하고 있는지 항시 체크해야 한다. 직원은 사장에겐 언제나 친절하기 마련이다. 그들이 내게 보이는 친절한 미소를 고객들에게도 내보이는지, 사나운 개가 돼서 고객들을 쫓고 있는 것은 아닌지 철저하게 주시해야 한다. 창업은 교육에서부터 시작된다. 서비스도 직원들에게 교육을 통해 몸에, 마음에 습득이 되게 만들어야 한다. 교육이 없는 창업, 단언컨대 성공과 멀어지는 지름길이다.

실패를 한 우리들에게 건네는
맹자의 위로 메시지, 고자장(告子章)

한국은 과정보다 결과에 집중하는 사회 시스템을 가졌다. 요즘 들어 "졌지만 잘 싸웠다"는 말이 회자되며 패자에게도 따뜻한 관심을 내보이고 있지만, 그것은 스포츠에 국한 된 일이다. 생활전선에서 매일 치열하게 싸우고 있는 우리 자영업자들은 요즘 시국에는 매일 실패의 쓴맛을 느낄 수밖에 없다. 실패는 인생의 한 과정이어야 한다. 내내 곱씹으며 자신을 갉아먹게 하지 말고 무심히 물에 흘려 보내야 하는 것이다. 하지만 그 누구도 이 단순한 진리를 쉽사리 받아들이지 못한다.

실패를 무심히 흘려 보내지 못하는 이 시대 많은 이들이 알아두어야 할 옛 글귀가 있다. 맹자의 '고자장(告子章)'에 이런 말이 쓰여 있다. "천장강대임어사인야(天將降大任於斯人也)인대 필선노기심지(必先勞其心志)하고 고기근골(苦其筋骨)하며 아기체부(餓其體膚)하고 궁핍기신행(窮乏其身行)하여 불란기소위(拂亂其所爲)하나니 시고(是故)는 동심(動心)하고 인성(忍性)하여 증익기소불능(增益其所不能)이니라."

"하늘이 장차 그 사람에게 큰일을 맡기려고 하면 반드시 먼저 그 마음과 뜻을 괴롭게 하고, 근육과 뼈를 깎는 고통을 주고 몸을 굶주리게 하고 그 생활은 빈곤에 빠뜨리고 하는 일마다 어지럽게 한다. 그 이유는 마음을 흔들어 참을성을 기르게 하기 위함이며 지금까지 할 수 없었던 일을 할 수 있게 하기 위함이다."

맹자의 고자장은 중국의 등소평이 고난의 시절에 마음 깊이 새기며 쉼 없이 암송하였다는 말이 있다. 뿐만 아니라 조선시대 고위 벼슬아치들이 외딴곳에 유배 되었을 때 유배지 방 벽에 걸어놓고 고난을 이겨 냈다고 전해지는 글이다. 한자(漢字) 문화권 국가의 유배된 선비들은 물론 그만큼 옛 사람들에게 정신적으로 큰 힘이 되어 줬다는 이야기다. 심지어는 고자장이 없었으면 많은 이들이 자살 했을 수도 있다는 말도 전해진다.

창업을 하기에 작금의 불경기는 분명 악재로 작용할 공산이 크다. 젊은 세대들은 취업을 못해 안달이고 아버지 세대들은 은퇴를 종용하니 마음이 불안한데, 이런 상황에서 그들의 지갑이 쉽사리 열리지 않는 것은 당연한 이치다. 이런 와중에 최저임금은 올라가고 장사하는 이들을 위한 마땅한 대안도 정부에서 내놓지 못하는 상황에서 창업은 실패와 더 가까운 행위일수도 있다.

하지만 할 수 있다는 자신감으로 창업을 하고 경영을 해서 직접 이 불경기를 온 몸으로 맞닥뜨린 이들이 실패라는 결과물을 받아들였을 때, 너무 아파하지 말길 바란다. '은혜는 돌에 새기고 원수는 물에 새겨라'라는 말처럼 실패를 물에 새겨 흘려 보내길 바란다. 실패는 인생의 한 과정이고, 후에 더 큰 성공을 위한 든든한 밑거름이라고 위안을 삼았으면 한다.

　여러 번 실패했다고 패배자가 되는 것은 절대 아니다. 우리가 경험했던 그 무수한 실패가 우리 안에서 단단한 마음을 만들어 준다. '실패'는 더 이상 흉이 아니라 커리어다. 두드려 맞으면 맞을수록 더욱 단단해지는 철의 속성처럼, 우리를 향해 날아오는 수많은 실패의 망치들을 두려워 말자. 이왕 맞을 것 더욱 더 세차게 세상이 내려치는 망치를 맞자. 우리의 속이 더욱 더 단단해 질 수 있도록 말이다.

함부로 사업 확장 생각 마세요,
'등록망촉(得隴望蜀)'의 교훈

외식 창업자들은 운영하고 있는 식당이 잘 되다 보면 욕심이 생긴다. '고객들이 이토록 많이 찾아주고 맛있게 먹어주는데, 프랜차이즈를 시도해볼까?'라는 욕심이다. 이 시기엔 공교롭게도 주변에서 설탕발린 말이 연이어 들려온다. 하지만 자신의 사업 내실을 생각 치 않고 무리하게 프랜차이즈로 발전시키면 잃는 것은 돈 뿐만이 아니게 된다.

우리가 별미로 자주 먹는 아귀는 입이 크다. 그 커다란 입으로 많은 물고기들을 잡아먹는다. 그들을 잡아 요리할 때 배를 갈라보면 가관이 아니다. 아직 소화시키지 못한 작은 물고기들이 태반이다. 무리하게 먹어 몸이 둔해진 녀석들은 낚기 쉽고 건지기 쉽다. 그들이 자신이 소화시킬 정도만 적당히 먹고 날쌔게 움직였으면 살 확률이 조금이나마 올라갔을 것이다.

외식 창업자들이 자신의 점포 성공 이후 프랜차이즈를 꿈꿀 때 반드시 아귀의 배 속 소화 안된 물고기들을 생각하여야 한다. 자신이 소화할 수 없는 것들을 먹게 되면 아귀처럼 꼼짝없이 덫에 걸려들어 낭패를 볼 수 있게 된다. 이와 같은 교훈은 고사성어에서도 찾아볼 수 있다.

《후한서》 헌제기(獻帝紀)에도 다음과 같은 이야기가 나온다. 촉(蜀)을 차지한 유비(劉備)가 오(吳)의 손권(孫權)과 다투고 있는 틈을 노려 위(魏)의 조조(曹操)는 단숨에 한중(漢中)을 점령하고 농을 손에 넣었다. 그러자 명장 사마 의(司馬懿)가 조조에게 말하였다. "이 기회에 촉의 유비를 치면 쉽게 얻으실 수 있을 것입니다." 그러자 조조는 이렇게 말하면서 진격을 멈추었다. "사람이란 만족을 모른다고 하지만, 이미 농을 얻었으니 촉까지는 바라지 않소." 실은 당시의 조조군으로 촉을 토벌하기에는 힘이 부쳤던 것이다. 이와 같이 등록망촉(得隴望蜀)이란 하나를 이루면 그 다음이 욕심난다는 뜻으로, 만족할 줄 모르는 인간의 속성을 드러내는 말이다. 평롱망촉(平隴望蜀)이라고도 한다.

사람이 욕심을 부려 자신이 해오던 철학을 벗어나 운영을 하게 되면, 그 전에 해 왔던 모든 것이 타격을 받을 수 있다. 필자 역시 잘 운영하던 식당을 프랜차이즈로 바꾸기 위해 무던히도 애를 섰던 지난날이 있다. 결국 시간 버리고 돈을 버리고 건강까지 잃게 되는 악재가 찾아왔다. 그렇기에 프랜차이즈를 꿈꾸는 식당 창업주의 마음을 잘 아는 것이고, 욕심이라는 것이 얼마나 무서운 것인지 잘 알고 있다.

좋은 가게 하나를 이루어 오랜 시간 잘 운영 하는 것도 충분히 의미 있는 일이다. 정부에서 지정하는 백년가게로 지정돼 사람들의 발걸음을 이끄는 것도 커다란 성공 중 하나다. 프랜차이즈를 일궈 대박을 노리는 사람들은 성공을 하나의 잣대로만 본다. 바로 돈이다. 더욱 많은 돈을 벌고 싶어 무리하게 확장하다 보면 초심도, 철학도 놓치는 우를 범할 수 있다.

더 나은 식당을 하려면
좌정관천(井中之蛙)의 우를 범하지 말라

외식 창업자는 호기심이 많아야 한다. 맛에 대해, 음식에 대해 궁금한 점이 많아야 메뉴를 발전시킬 수 있고, 장사를 오래도록 영위할 수 있다. 기왕이면 호기심에서 발전해 그 호기심을 풀 수 있는 추진력과 실행력이 겸해지면 더욱 좋다. 말로만 듣고 건너서 보게 되면 곡해를 낳을 수 있다. 그 곡해는 사업을 이상한 방향으로 흘러가게 할 수도 있는 치명적인 오류가 된다.

필자는 몇 해전 폴란드를 다녀온 적이 있다. 세계의 사람들은 어떤 음식을 먹고, 어떤 곳에서 식사를 즐기고 또 관광지는 어떻게 꾸며 놨는지 직접 관찰하기 위해서였다. 폴란드에 가면 지하탄광이 있다. 소금을 캐는 탄광이다. 이 탄광이 발견된 것도 특이하다. 목동이 산에 갔는데 무언가를 실수로 어떤 구멍에 떨어트렸는데, 그 공명이 심상치 않았다고 한다. 그래서 목동이 구멍속으로 들어갔더니 온통 소금으로 이루어진 탄광이었다.

현재 이 곳은 소금을 캔 자리를 교회처럼 만들어 놓았다. 탄광 한 곳은 물이 모여 있는데 흡사 저수지와 같았다. 저수지엔 배를 띄우고 스피커를 설치해 베토벤의 운명을 틀어놓았다. 조명 역시 휘황찬란하게 설치 돼 보는 사람을 압도한다. 소금광산 저수지는 배를 타고 지나갈 수 있게 해놨다.

필자가 그때 당시 폴란드 소금 탄광에서 받은 충격은 아직도 잊혀지지가 않는다. 조명과 음악, 그 웅장하고 오묘한 분위기는 기억에 생생하게 남아있다. 그때의 여행 이후 고객에게 미각만으로 감동을 주기 보다 시각과 청각으로도 감동을 줄 수 있는 방법을 찾기 시작했다. 우물 안 개구리가 되지 않기 위해 필사적으로 노력했던 것이다.

좌정관천(井中之蛙)이라는 사자성어가 있다. 중국 당나라의 문장가 한유의 유명한 글인 〈원도(原道)〉에서 유래한다. '도의 근원을 논한다'는 뜻의 이 글은 세상이 올바른 방향으로 나아갈 방법으로 따라야 할 도(道)는 유가(儒家)의 도라는 점을 강조한다. 여기서 전하는 좌정관천은 좁은 시야 안에 갇혀 있어 지식이나 사려가 깊지 못하고 바깥세상이 돌아가는 형편에 대해서 아는 바가 없는 경우를 비유하는 말로 쓰인다.

우리가 음식점을 하면서 바쁜 일상에 치여 자기만의 세계에 갇혀 있는 것은 아닌지 한번 돌아 볼 필요가 있다. 관습에 의해 남들이 좋다는 것, 많이 해보는 것을 자신의 식견과는 상관없이 따라 해보는 것은 아닌지 반추해봐야 한다는 이야기다. 고루한 말일 수도 잇지만 세상은 넓고 배워야 할 것은 많다. 일상 속 자극이 없는 상황에서 발전이 이루어지긴 만무하다. 새로운 메뉴, 질 높은 서비스를 원한다면, 자신이 직접 보고 느낄 수 있도록 환경을 조성해야 한다. 좌정관천의 우를 절대 범해선 안 된다.

직원과 함께 밥 먹는 사장이 되라,
더욱 방약무인(傍若無人) 해지기 전에

'갑질'이라는 말이 몇 년 전부터 우리 사회의 절대악의 대명사로 불리기 시작했다. 자신이 가진 권위로 상대적으로 가진 것이 없는 이들에게 해를 가하는 '갑질'은 우리 사회를 좀먹게 하고 있음이 분명하다. 외식업종에도 직원들에게 갑질을 하는 사장을 더러 볼 수 있다. 직원과의 수평적 관계가 아닌 폭포 같은 수직적 관계를 고집하는 이들은 이 시대의 흐름에 분명 부합하지 못하는 이라고 할 수 있다.

사기의 자객열전에 방약무인(傍若無人)이라는 사자성어가 나온다. 곁에 아무도 없는 것처럼 여긴다는 뜻으로, 주위에 있는 다른 사람을 전혀 의식하지 않고 제멋대로 행동하는 것을 이르는 말이다. 사기 속 내용에 따르면 위나라 사람인 형가(荊軻)는 성격이 침착하고 생각이 깊으며, 문학과 무예에 능했고, 애주가였다. 그는 정치에 관심이 많아 위나라의 원군에게 국정에 대한 자신의 포부와 건의를 피력했지만 받아들여지지 않자 연나라 및 여러 나라를 떠돌아 다니며 현인과 호걸과 사귀기를 즐겼다.

그 가운데 한 사람이 연나라에서 사귄 비파(琵琶)의 명수인 고점리인데 이 두 사람은 호흡이 잘 맞아 금방 친한 사이가 되었다. 그래서 두 사람이 만나 술판을 일단 벌여 취기가 돌면, 고점리는 비파를 켜고, 형가는 이에 맞추어 춤을 추며 고성 방가했다. 그러다가 신세가 처량함을 서로 느껴 감정이 복받치면 둘이 얼싸안고 울기도 웃기도 했다. 이때 이 모습은 마치 곁에 아무도 없는 것처럼 방약무인해 보였다. 원래 방약무인은 아무 거리낌없이 당당한 태도를 말했는데 나중에 뜻이 변해서 천방지축으로 날뛰고, 무례하거나 교만한 태도를 표현할 때 인용된다.

주위의 외식업을 운영하는 대표 중 직원과 겸상을 안 하는 이가 있다. 그는 직원을 그저 일 하는 기계로 여기며 그들과의 식사에 전혀 무심했다. 그 결과 그 식당은 채 몇 개월이 되지 않아 직원들이 속속 그만뒀고, 여전히 그는 직원을 없어지면 채워 넣는 부속으로 생각하고 있다. 직원들과 밥 한끼 하는 것이 얼마나 중요한 일인지 그가 알았다면 그런 오만한 생각을 하지 못했을 것이다.

한국인들은 정을 쌓을 때 하는 특유의 행동들이 있다. 술을 마시거나 도움을 조거나 혹은 밥을 같이 먹거나 밥을 같이 먹는 정은 유독 돈독하다. 밥을 먹으며 일 하느라 못했던 대화를 하게 되고 그 사람이 무엇을 잘 먹는지 체크하며 다음 밥상에도 참고 할 수 있다. 그렇게 같이 밥을 먹는 행위는 서로의 유대감을 형성하는 좋은 기회 인 것이다.

직원을 수직적이 아닌 수평적으로 대하는 대표들은 암암리에 식당의 분위기까지 바꾼다. 직원을 가족같이 대하고 살갑게 대하면 그 모습은 고스란히 손님들에게 노출된다. 밥 한끼 같이 안 먹는 식당의 분위기는 경직돼 있으며 그것 역시 손님들이 재빨리 눈치 챌 수밖에 없다. 애석하게도 대한민국에 맛집이라 평가는 곳 중 홀의 경직된 분위기로 인해 초반의 명성을 이어가지 못하고 손님들의 불만을 받는 곳이 많다.

벼는 익을수록 고개를 숙인다. 식당의 사장 역시 직원에게 고개를 숙일 줄 알아야 한다. 돈 버는 것이 중요하다지만, 그보다 중요한 것은 자신의 식당을 위해 일을 해주는 직원들에 대한 감사함을 느끼는 것이다. 속내를 내색하기 싫고 어색한 식당 중인이라면 일단, 밥 한 끼 함께 먹는 것으로 시작해보라. 그 안에서 조그마한 변화가 시작될 것이다.

거이기양이체 (居移氣養移體),
손님별 체질 음식으로 한식메뉴를 추천하라

창업을 하려는 이들은 메뉴에 공을 많이 들인다. 사람들에게 인정받은 메뉴를 벤치마킹하는 경우가 있고, 아예 그 누구도 선보이지 않았던 새로운 메뉴를 개발하려고 한다. 필자가 창업일선에서 가장 많이 받는 질문 중 하나가 산뜻하고 참신한 새로운 메뉴를 추천해 달라는 것이다. 다른 사람이 하기 전에 먼저 시작하면 성공할 수 있다는 확신이 저변에 깔려 있기 때문이다. 하지만 음식문화가 새로운 문화권에서 대중화되고 토착화되려면 최소한 20년에서 30년이라는 시간이 필요하다. 섣불리 덤벼들었다가는 실패의 원인이 될 수 있다.

창업자들은 새롭고 이국적인 메뉴를 빠른 시간에 대중화하려면 상상을 초월하는 마케팅비용이 필요하다는 것을 알아야 한다. 그리고 새로운 메뉴는 도입기와 성장기, 성숙기를 거쳐야만 대중화되고 문화로 흡수 될 때 안정된 메뉴가 될 수 있다.

세상이 많은 메뉴들로 넘쳐나고 있다. 외식 창업을 준비하는 이들은 새로운 메뉴를 찾기보다 한국적인 메뉴가 가장 세계적인 메뉴가 될 수 있다는 확신을 가져야 한다. 전 세계가 하루 생활권으로 좁혀진 상황이다. 구태여 외국의 낯선 음식으로 막대한 마케팅 비용까지 지불할 필요가 없어졌다. 오히려 건강에 대한 관심이 증대되고 있는 이 때, 건강한 음식의 대명사인 한식을 바탕으로 남들과 다른 창업을 준비하는 것을 추천한다. 하지만 한식으로 남들과 다르게 하라고 해서 퓨전 한식을 떠올렸다면 곤란하다. 퓨전 한식은 새롭지도 않을뿐더러 반짝 아이템이지, 장기적인 아이템은 아니기 때문이다. 이도 저도 아닌 괴상한 음식이 탄생할 가능성이 농후하다.

그렇다면 어떻게 메뉴를 구성해야 하는 것 일까. 필자가 예를 한번 들어보겠다. 일본에서 유래 됐지만 이제는 한국 음식이 된 돈가스를 어린이가 먹는 돈가스, 노인들을 위한 돈가스, 여성들을 위한 돈가스로 나눠 나이별, 체질별로 내용물과 소스 배합을 달리하는 것이다. 물론 이것은 비단 돈까스 뿐 아니라 모든 한식에 적용 가능하다. 설렁탕, 삼계탕, 김치찌개, 된장찌개, 라면 등에 적용 가능하다. 손님이 입장 시 자신의 나이와 체질을 알려주면 식당에서 그 손님의 체질에 맞는 음식을 추천하고 서비스 할 수 있다.

거이기양이체(居移氣養移體)라는 말이 있다. 사람은 그가 처해 있는 위치(位置)에 따라 기상이 달라지고, 먹고 입는 것에 의해 몸이 달라진다는 뜻이다. 약식동원(藥食同源)이라는 말도 있다. 약과 음식은 근원이 같다는 의미를 지니고 있다. 이 사고방식을 바탕으로 한식 전문점을 오픈 한다면 체질 맞춤형 식당 오픈도 가능하다.

지금은 돈을 벌 루트는 많아졌지만 쉽게 돈을 벌 수 있는 시대가 절대 아니다. 특히 외식 창업자들은 사람의 마음을 움직여야 하고, 정성을 보여야 고객의 발길을 움직이게 할 수 있다. 필자가 추천하는 한식 창업의 주인공은 아마도 고객을 이롭게 함으로써 자긍심을 갖는 분들이 아닐까 한다.

선진국형 창업으로 가는
상저옥배(象著玉杯)의 교훈

외국인들이 한국의 식당에 들어서면 백이면 백 놀라는 점이 있다. 음식 주문 후 그들이 시키지도 않은 반찬들이 한 상 푸짐하게 깔린다는 점과 그 모든 반찬이 무료라는 점이다. 이에 많은 외국인들은 한국의 식당을 경험하곤 고국으로 돌아가 "그 곳엔 신기한 문화가 있다"고 전파하기도 한다. 그들이 체험한 이른바 '한국인의 정'은 한국인들의 자랑거리다. 하지만 바로 '한국인의 정'이 선진국형 식당으로 가는 길목을 차단하는 중추적인 역할 하고 있다는 것을 알고 있는가? 푸짐하게 나오는 수많은 반찬들로 인해 발생하는 문제점은 '한국인의 정'이라는 감정적인 우쭐함이 어찌 할 수 없는 지경으로 까지 커져가고 있다.

우리나라 음식물쓰레기 발생량은 하루 평균 약 1만5000 톤이며 연간 500만 톤이 넘는다. 이를 경제적 가치로 환산하면 20조원 이상이 되는 것으로 추산된다. 일각에서는 통계에 잡히지 않는 수치까지 합하면 40조원에 가까운 음식물 쓰레기가 버려지고 있다고 추정하기도 한다. 상황이 이럴 진데 아직도 식당에서는 수많은 반찬들이 서비스로 나가고 있고, 손님들은 당연한 듯 그것을 받아들이고 있다. 우리는 이런 대한민국 식당의 관행을 과감히 끊어내야 한다. "김치 더 주세요!"라는 말이 식당에서 사라져야 한다.

한국은 식당에서 "이것 더 주세요. 저것 더 주세요"가 가능한 세계 속 유일한 나라다. 이렇다 보니 안 먹는 음식은 안 먹고, 먹게 되는 음식은 계속 더 먹게 된다. 음식물 쓰레기가 늘어나는 이유가 바로 여기에 있다. 가짓수를 채우려고 손님들이 찾지도 않는 반찬을 내어 주다 보니 어떤 반찬은 만든 그대로 쓰레기통으로 직행 하는 경우도 있다.

"이것 더 주세요. 저것 더 주세요"가 가능한 한국식당에선 식당 주인과 고객 간 불신이 생기는 경우도 허다하다. 주인은 고객이 반찬을 더 달라 해서 한 번, 두 번, 세 번 더 주다 보면 원가 생각이 나기 마련이다. 그러다 보면 질 좋은 제품을 쓰는데 주저하게 된다. 값을 매기지 않고 반찬을 서비스하는 것이 계속되면 국가는 음식물 쓰레기에 대한 부담이 커지고, 식당은 원가 걱정에 음식의 경쟁력과 퀄리티가 떨어질 수밖에 없다.

한비자(韓非子) 유로편(喩老篇)에 상저옥배(象箸玉杯)라는 말이 나온다. 원래 의미는 상아 젓가락과 옥 술잔이라는 뜻으로, 좋은 젓가락과 술잔을 말한다. 하지만 이것으로 인해 결국 나라를 망치는 엄청난 결과를 초래할 수 있다는 것을 경계한 말이다. 은나라의 마지막 왕인 주(紂)는 술의 연못과 고기의 숲으로 유명하다. 그는 나무에는 고기를 걸어두고 그 사이를 알몸으로 남녀가 서로 쫓아다니게 하여 긴 밤을 술로 지샜다 한다. 주가 어느날 상아로 젓가락을 만들게 하자 이것을 보고 기자(箕子)는 악의 근원이라며 간했다 한다. 즉 상아 젓가락으로 식사를 하게 되면 그때까지 사용하고 있던 토기가 성에 차지 않아 옥으로 만든 식기를 쓰려고 하고, 다음은 거기에 진귀한 음식을 담으려 하고, 그 다음은 먹을 때의 복장, 그 다음은 호화스런 궁전을 생각하게 된다는 것이다. 그러니까 상아 젓가락이 단지 훌륭한 식사 도구에 그치지 않고 이것이 사치의 단초가 되어 결국 국가의 재정을 고갈시켜 파멸을 초래하고 만다는 것이다. 하찮은 낭비가 망국적 사치로 치닫는다는 엄중한 경고이다.

한비자의 교훈처럼 먹지도 않을 음식을 내어주는 것 역시 작은 사치에 해당한다. 가장 합리적인 식당 음식 구매 방법은 메인 메뉴와 김치만 세트가로 판매하고, 그 외에 반찬들은 소액의 추가요금을 받는 형식으로 가야 한다. 손님이 원하는 음식을 골라서 먹을 수 있게 해야 한다. 자기가 먹고 싶은 것만 시키면 음식의 질도 좋아진다. 반찬 하나하나를 돈 주고 파는 것이니 퀄리티에 집중하게 되고 맛있게 만들 수 있게 된다. 자기가 안 먹는 반찬은 늘어놓고 먹지 않게 되니 반찬 재활용 걱정도 없어진다. 선진국형 식당으로 가기 위해선 이처럼 작은 부분에서부터 바뀌어야 한다.

사제사초(事齊事楚)로 인한 창업 선택, 돌다리를 10번 이상 두드려라

오미크론(omicron)의 확산세가 심상치 않다. '위드 코로나' 정책으로 거리두기 완화를 시행했던 11월 초와 달리 지금은 다시 코로나 19 변이종에 대해 세계가 바싹 긴장하고 있다. 이런 상황에서도 창업을 계획하고 있는 이들이 많다. 이른 은퇴자, 청년구직자 등이 창업시장에 적극적으로 뛰어들고 있다. 혹자는 불경기가 창업의 적기라고들 한다. 하지만 전례를 찾아볼 수 없는 이런 특수한 상황에서는 돌다리를 10번쯤 두드리고 가는 마음가짐이 필요하다.

벼룩시장이 2013명에게 창업 관련 설문을 한 결과 응답자의 70.1%가 향후 창업에 도전할 의향이 있다고 답했다. 희망업종으로는 온라인 쇼핑몰 20.2%, 카페, 치킨 등 프랜차이즈가 19.9%, 음식점, 푸드트럭 등 외식업 18.2% 순으로 나타났다. 코로나 19 사태 이전과 별반 달라지지 않은 통계다.

코로나 19 이전과 이후의 창업은 확연히 구분 되어야 한다. 창업 전문가들은 불황기 상류층을 대상으로 하는 사업이나 가성비 사업 또는 젊은 층을 대상으로 하는 사업이 유망하다고 전망한다. 또는 콘텐츠 사업과 같이 원가비용이 낮고 지출 경비가 적게 들어가는 사업이나 경기나 유행을 타지 않는 공부 하는 업종도 유리하다.

우선 프랜차이즈를 이야기 해보면, 불황이 지나가고 나면 항상 새로운 프랜차이즈가 등장해 가파른 성장세를 기록하는 경우가 많다. 창업 수요가 많을수록 호객행위를 하는 가맹본사들도 많이 등장하기 마련이다. 프랜차이즈 브랜드를 제대로 선택하고 싶다면 가맹본사를 잘 파악하는 데 신중을 기해야 한다. 겉으로는 화려한 미사여구와 광고로 창업 준비자들을 유혹하지만 가맹본사나 내부 시스템이 엉망인 경우가 많기 때문이다. 직접 찾아가 상담을 받으면서 경험하고 비교 분석하는 것만이 후회하지 않고 창업을 준비하는 자세다.

코로나 19 사태 이후 소비자들은 초저가 상품으로 눈을 돌릴 가능성이 높다. 기존 외식업체들도 5000원을 기준으로 식비를 재정비 하는 움직임을 보이고 있다. 자영업자들은 이에 대한 창업 전략을 잘 짜야 한다. 초가성비 시대에 식당도 그릇을 가져와 포장 용기를 안 쓰게 하면 일정금액 할인 또는 포인트 적립해야 손님들의 이목을 끌 수 있다.

배달문화의 폭증은 코로나 19사태가 몰고 온 외식 문화의 큰 변화다. 그 동안 배달이 뜸했던 업종 역시 배달 주문이 자연스러운 문화로 바뀔 가능성이 크다. 가령 커피 업종의 경우 홀이나 테이크 아웃 위주로 판매되던 것이 배달 주문 방식으로 적극 변화 할 것이다. 현재 스타벅스도 배달전문 업장을 오픈 해 많은 인기를 끌고 있다. 또한 매장이 없더라도 주방만 있으면 되는 공유주방 창업이 배달문화를 이끌고 있다는 점도 눈 여겨 봐야 한다.

언택트 소비가 더욱 대중화 될 것은 자명하다. 키오스크 설치와 배달은 물론이거니와 주문과 포장도 미리 예약하고 최소한의 동선으로 수령하는 시스템이 각 매장 마다 도입될 것으로 보인다. 이를 적용하지 않는 곳이라면 창업을 다시 한번 생각해봐야 한다.

사제사초(事齊事楚)란 고사성어가 있다. 제(齊)나라와 초(楚)나라 사이에 있는 소국 등(滕)나라는 제나라와 친밀하게 지낼 수도 없고 초나라와 가까이 하기도 어려웠다. 어느 한쪽에 기울게 되면 서로 트집을 잡았기 때문에, 등나라는 이럴 수도 저럴 수도 없는 딱한 처지에 있었다.

창업자들도 현재 이런 상황이라고 생각한다. 코로나 시대에 이러지도 못하고 저러지도 못하니 창업을 결심하게 됐을 것이다. 그렇다 하더라도 돌다리를 10번 두드리며 건넌다는 마음으로 아이템 선정 및 브랜드 선정에 신중을 기해야 한다. 그것이 자신의 재산과 향후 미래를 지키는 최소한의 안전장치가 될 것이다.

근화일일자위영(槿花一日自爲榮)이 전해주는 창업가 정신

　많은 창업인들이 간과하는 것이 있다. 돈을 많이 벌고, 손님을 많이 끄는 것이 창업자의 최대 화두가 되고 있는데, 그러기 위해서는 무엇보다 창업자의 멘탈이 단단해야 한다.　창업에 있어서 가장 중요한 부분이라 하면 사업 아이템, 상권, 인력 관리 등을 떠올리겠지만 이것은 정답의 근사치일 뿐 정답은 아니다. 필자가 중요시하는 창업가 정신은 처음 창업을 하는 초보 창업자들에게 그 무엇보다 우선시 되어야 할 창업 제일의 조건이다.

　창업을 하기로 결심을 하면 그 순간부터 고민은 꼬리에 꼬리를 물게 된다. 어떤 업종의 창업을 할 것인지, 점포를 어디에 오픈을 할 것인지, 종업원은 얼마나 두어야 하는 지 등 신경 써야 할 게 이어지게 된다. 이렇게 힘든 과정을 거쳐 창업을 하게 되었다면 과연 마음이 편해지느냐 하면 그것도 아니다. 오히려 온갖 걱정과 고민들이 매시간 매초마다 창업자를 찾아온다. 어떤 업종이건 창업을 하고 난 후 창업자들은 극심한 육체적,

정신적 어려움에 직면한다. 매일 영업실적에 따라 아침 저녁으로 창업 자체를 후회하며 일희일비하는 창업자들이 많다. 물론 그 마음을 모르는 것은 아니다. 필자도 오랜 기간 창업을 해왔고, 남들을 돕기도 하며 그런 사례를 숱하게 경험해봤다. 그래서 이야기 해 줄 수 있는 것이다. 매일 수없이 맞닥트리게 되는 창업의 다양한 이슈들에 절대 흔들리지 말라고 말이다.

초보 창업자가 흔들리지 않기 위해선 마음의 여유가 필요하다. 마음의 여유는 어디에서 오는가? 바로 여유자금이다. 창업자들은 창업을 할 때 절대 자신이 가진 물질적 인프라를 넘어서는 창업 아이템과 점포를 선정 하면 안 된다. 6개월 정도 수입을 벌 수 없다는 가정하에 그 기간을 버틸 수 있는 여유자금을 확보한 상태에서 창업을 시작해야 한다. 과감한 마 케팅으로 선제 공격을 할 수 있는 여유까지 챙기면 금상첨화다. 그렇지 못하면 창업 후 하루하루가 위태로워진다. 손님 입장에서도 잘 먹고 가 는 손님을 기분 좋게 배웅 하는 것이 아니라 영수증만 쳐다보며 한숨만 짓는 사장이 있는 점포를 어찌 다시 가겠는가? 사장이 마음의 여유가 없 다는 것은 그 누구보다 손님이 가장 먼저 알아차린다.

또한 갑자기 자라난 욕심에 함부로 사세 확장을 하면 안 된다. 창업 전 프랜차이즈를 목표에 두고 계획적으로 움직이더라도 성공을 보장 할 수 없다. 헌데 손님이 많다고, 인기가 있을 것 같다는 이유 하나만으로 지점 을 늘리고 사세를 확장하다가는 모든 것을 다 잃을 수 있다. 맛집에서 프 랜차이즈로 성공하기란 그 확률이 극히 적다.

근화일일자위영(槿花一日自爲榮). 중국 중당의 시인인 백락천의 칠언율시 〈방언〉 5수 중의 첫 수에 실려있는 시구다. 하루 동안의 영광을 한탄하지 말라는 의미를 가지고 있다. 사람의 영화는 무궁화꽃과 같이 하루 동안 피었다 지는 것이라고 해서, 하루 동안의 성공과 실패를 슬퍼하고 기뻐하는 자체가 어리석다고 말하고 있는 것이다. 백락천의 시구에서 초보 창업자들이 알아차려야 할 것은 바로 '일희일비(一喜一悲)'하지 않는 고결한 마음이다. 인생은 길다. 그리고 당신이 창업을 하기로 마음 먹은 순간부터 당신의 창업 인생도 길어진다. 근화일일자위영의 참뜻을 곰곰이 곱씹어보며 멀리 보고, 천천히 가는 창업 인생을 살기 바란다.

RCEP 2월부터 발효, 해외진출 위한 승풍파랑(乘風破浪)을 펼쳐라

포털 사이트에 대한민국의 국토 면적을 검색 해 본 적 있는가? 9만 9720㎢ 라는 결과가 나온다. 이는 세계109위 수준으로서 상대적으로 매우 작은 면적이다. 이에 비해 인구는 약 51,846,339명으로 세계 27위를 기록하고 있다. 가뜩이나 적은 국토에 비해 인구가 넘쳐나고 있는 상황인 것이다.

프랜차이즈를 운영하고 있는 이들이라면 오늘의 칼럼을 유심히 봐도 좋을 것이다. 파이는 한정적인데 나눠먹을 사람이 많은 이 땅에서 언제까지 치졸한 경쟁을 하며 살아가려고 하는가. 좁은 국토 안에서 아웅다웅 치열하게 다툴 바에야 멀리 내다보는 사업을 고려해보자. 지금과 같은 코로나 시국에 무슨 해외진출이냐고 묻는 이들에게 그 상황을 타개 할 좋은 소식이 있다는 것을 미리 언급하겠다.

KOTRA에 따르면 해외에 진출한 토종 프랜차이즈 업체는 286개다. 글로벌 경제불황과 코로나의 여파로 국내 기업들의 해외 진출이 난항을 겪은 바도 있다. 하지만 그럼에도 불구하고 현지화의 성공, 끝없는 도전으로 해외진출을 모색하고 성공한 프랜차이즈들이 있다. 특히 동남아에서 괄목할 만한 성과를 내고 있는 외식 기업들이 많아지고 있다는 것은 고무적인 사실이다. 한국 문화에 대한 우호적인 면을 가지고 있는 동남아에 한국 음식 진출을 수월할 수 있다.

현재 동남아에 진출하고 있는 외식 업체들은 모두 현지화 전략을 쓰면서 현지 고객의 좋은 반응을 이끌어 내고 있다. 말인즉슨 당신이 외식업을 하며 동남아에 진출 하려고 하면 그 나라를 면밀히 분석해 현지화 전략을 반드시 적용해야 한다는 것이다. 하지만 음식 연구하는데 바빠 그럴 겨를이 없는 사람이 태반일 터. 이럴 경우 해외진출을 도와주는 업체들의 도움을 받으면 된다. 해외 진출을 하려면 국제 변호사도, 계약 전문가도 고려해야 한다. 해외 대응 매뉴얼이 약하다 보니 사기를 당하거나 엉뚱한 계약을 체결하기도 하니 미연에 방지하기 위해서 전문업체와 손을 잡고 계약을 추진하는 것을 추천한다.

앞서 해외진출을 모색하는 기업들에게 좋은 소식이 있다고 미리 언급한 바 있다. 그 좋은 소식이란 다자간자유무역협정 'RCEP(Regional Comprehensive Economic Partnership)'이 2월부터 발효 됐다는 것이다. RCEP는 동남아국가연합(ASEAN) 10개국 및 한국, 중국, 일본, 호주, 뉴질랜드 등 15개 국가가 참여한다. RCEP에 참여한 나라들 간 품목별 관세철폐가 순차적으로 진행되고, 통일된 원산지 규범 마련과 증명과 신고 절차도 간소화한다. 또 저작권 특허상표 디자인 등 지식재산권에 대한 보호 규범 침해 시 구제 수단도 마련된다.

송서(宋書)와 남사(南史)의 '종각전(宗愨傳)'에 승풍파랑(乘風破浪)이라는 고사성어가 나온다. 먼 곳까지 불어 가는 바람을 타고 끝없는 바다의 파도를 헤치고 배를 달린다는 뜻으로, 원대한 뜻이 있음을 이르는 말이다. 그 과정이 고단하고 힘들지라도 그 끝에 기다리는 달콤한 보상을 생각하며 겁 없이 도전하는 여러분이 되길 기원한다.

꼰대의 재발견,
수적천석(水滴穿石)의 인내를 배우자

2010년대 들어서 언론과 미디어를 점철한 유행어가 있다. 바로 '포기'다. 'N포세대'라는 말에 바로 포기가 들어간다. N포 세대란 N가지의 것들을 포기한 세대를 뜻하는 신조어이다. 인생의 많은 부분을 포기하며 살아갈 수 밖에 없는 청춘들을 이야기 할 때 주로 쓰이는데, 요즘에서는 자영업자들에게도 통용된다. 코로나19로 인해 유독 희생을 강요당하며 많은 부분을 포기하며 살아가야 하는 요즘의 자영업자들. 하지만 시쳇말로 포기란 배추 셀 때나 쓰는 법이다. 포기 하는 것도 습관이다. 포기하지 않는 습관을 들여야 하며 그러기 위해선 지금 이 시기를 견뎌낼 수 있을 것이란 자신에 대한 강력한 믿음이 필요하다. 혹자는 '꼰대'같은 소리하고 있네'라며 비아냥댈 수도 있다. 인정한다. 하지만 가끔은 꼰대의 이야기도 들어야 한다. 이 사회가 고지식한 꼰대의 재발견을 해야 한다고 생각한다.

인터넷 검색창에 소상공인을 치면 다양한 검색어가 쏟아진다. 그 중 업종변경 혹은 폐업과 같은 검색어도 종종 보인다. 이 검색어야 말로 요즘을 살아가는 소상공인의 마음을 대변하는 것이라 생각한다. 거리두기 강화가 끝날 기미가 보이지 않으면서 인원제한, 영업시간 제한, 테이블 한 칸 띄어 앉기 등으로 도통 정상적인 장사를 하기가 힘들어지고 있다. 요식업종 소상공인들은 배달로 영업을 전환하려 해도 배달 수수료가 발목을 잡고 있어 쉽지가 않다. 이에 장사를 접고 취직을 하려는 이들이 많다는 언론보도가 가슴에 와 닿는 부분이다.

필자 역시 인생의 고비고비마다 직면한 상황들로 노력을 포기하고 싶었던 적이 있었다. 나는 동기들보다 2살 더 많다. 중학교에 추첨 배정됐으나 경제적인 이유로 뒤늦게 입학 해야 했기 때문이다. 동기들이 중학생 교복을 입던 해 4월에는 쭈꾸미를 잡고, 5월에는 오징어를 잡는 등 그 해 줄곧 뱃일을 해야만 했다. 닥치는 대로 돈을 버는 일에 뛰어들었다. 섬에서 자란 나는 육지인 군산에서 거주할 주거공간을 마련하기 위해 돈을 벌어야 했다. 교복을 입은 동기생들을 볼 때마다 극한의 고통이 찾아왔지만 공부에 대한 꿈은 결코 버릴 수가 없었다. 지금 생각해보면 그때의 시간들이 나의 삶과 사업을 지배해왔다고 단언한다. 바로 포기를 모르는 꼰대의 근성을 철저히 배우는 훈련의 시기였기 때문이다. 그 결과 대학교는 물론 대학원도 진학했고, 50세 즈음에는 박사학위를 받기도 했다. 포기의 순간, 포기를 하지 않았더니 결국 내가 원하는 바를 이뤄냈다.

인생은 마라톤 게임이라고들 한다. 단거리처럼 폭발적인 스피드로 치고 나가는 것이 아니라 자신의 페이스를 잃지 않고 묵묵히 레이스를 이어나가는 게임이다. 왜 앞으로 치고 나가는지 조급해 할 필요도 없고 날씨가 험하면 잠시 천천히 가면 된다. 멈추지 않고 조금이라도 갈려는 의지만 있다면 골인점에 도달할 수 있다.

수적천석(水滴穿石)이라는 고사성어가 있다. 물방울이라도 끊임없이 떨어지면 종내엔 돌에 구멍을 뚫듯이, 작은 노력이라도 끈기 있게 계속하면 큰 일을 이룰 수 있음을 비유한다. 수적천석의 출전은 중국 남송 때의 학자 나대경이 쓴 ≪학림옥로(鶴林玉露)≫이다. 중국 북송(北宋) 때 장괴애라는 사람이 숭양현의 현령으로 부임하게 되었다. 당시 숭양현은 도둑질이 만연해 있어 관아의 창고에 있는 물건까지 자주 도난 당했다. 그러던 어느 날 장괴애가 관아를 순시하다가 창고에서 황급히 도망치는 하급 관리를 보게 되었다. 수상하게 여겨서 그를 잡아다 심문하니, 창고에서 엽전한 닢을 훔쳐 상투 속에 숨겨서 나온 것이었다. 장괴애는 관리에게 여죄를 추궁하며 형리를 시켜 곤장을 치게 했다. 그러자 관리는 겨우 엽전 한 닢 훔친 것이 뭐가 그리 큰 잘못이냐면서 항변했다. 이에 장괴애는 "하루에 일 전이면 천 일에 천 전이다(一日一錢 千日千錢). 가느다란 노끈이라도 계속해서 문지르면 나무가 끊어지고, 작은 물방울이라도 계속해서 떨어지면 돌이 뚫리는 법이다"라고 판결했다.

사실 포기도 인생을 살아가는데 꼭 필요한 것 중 하나다. 붙잡고 있어 득 될 것이 없다면 빨리 포기해야 한다. 하지만 가족의 생계가 걸려있고 자신의 미래가 걸려 있는 부분에서 쉽게 포기해선 안 된다. 노력이 안 되는 일은 때론 인내로 해결될 수 있다. 포기하는 습관을 들이지 말자. 정신력을 강조하는 꼰대라 미안하다. 하지만 정신력으로 버텨야 하는 시대가 됐다. 그렇게 해서라도 버틸 수만 있다면 꼰대가 되더라도 무엇이 대수랴. 포기하지 않고 끈질기게 버텨나가는 습관을 들여 골인지점까지 꿋

꿋하게 가는 우리가 될 수 있기를 희망한다.

인익기익(人溺己溺), 손님의 불편을 해결하려는 의지야말로 차별화가 될 수 있다

커피 문화가 나라의 문화를 대표하는 시대다. 예를 들어 스타벅스 직영점이 몇 개가 들어와 있느냐에 따라 도시의 규모를 짐작할 수 있고, 나라마다 고유한 마실 거리 문화가 카페 속에 녹아 들어가 있기도 하다. 앨런 쿠페즈 교수(미국 롤린스 대학 크라머 경영대학원)는 인터뷰에서 "한국의 커피 문화는 독특하다. 한국인에게 가정은 가족이 머무르는 곳이고, 직장은 생계를 위한 공간이다 보니 커피전문점이 집과 직장의 스트레스에서 해방시켜주는 제3의 장소로 기능한다"라고 말한 바 있다. 이렇듯 카페를 찾는 이들이 늘고, 커피가 가지는 의미 역시 사회적으로 확장되고 있는 가운데 카페를 창업하려는 이들도 많다. 하지만 카페 창업을 계획하면서 주관적 견해에 치우쳐 객관적 냉철함이 결여된 이들이 많다.

카페를 창업하려는 이들은 다양하다. 은퇴 후 제 2의 인생을 꿈꾸는 이들이나 직장을 관두고 본격적인 창업인의 길로 들어서려는 이들, 동업으로 자신의 로망을 이루려는 젊은이들까지 카페 창업은 전 연령을 아우르는 뜨거운 이슈다. 그렇다면 왜 이렇게 많은 사람들이 카페를 창업하려 하는 것일까? 그것은 아마도 식당을 해서 돈을 버는 것보다 카페를 차려 돈을 버는 것이 사회적 인식상 향상된 지위를 보장해 준다는 인식이 깔려 있어서다.

하지만 카페의 경쟁이 그 어느 때보다 치열한 이 때, 남들과 똑 같은 방법으로 카페를 오픈 한다는 것은 망하겠다는 말과 진배없다. 똑 같은 맛, 똑 같은 서비스로 창업을 계획한다면 고객이 일부러 당신의 카페를 찾아갈 이유가 없다. 카페를 창업하려고 한다면 적어도 우리의 업그레이드 된 문화를 대변하면서 외국에서 자신의 카페를 벤치마킹 시킬 수 있을 정도의 미래까지 염두에 두어야 한다고 생각한다.

카페를 창업하려는 이들에게 필자가 항상 강조하는 것은 카페의 외관 뿐 아니라 손님의 동선에 맞춰 편의성을 배려한 참신함을 더하라는 것이다. 가령 화장실에 여성들이 옷을 걸어두고, 백을 걸어둘 수 있도록 넓은 화장실을 마련해야 한다는 것, 눈으로 보이는 실내 장식에만 투자하는 것이 아니라 고객의 입장에서 무엇이 필요한지 상상을 해보고 카페를 꾸며나가야 한다는 이야기다.

우리나라는 선진국이다. 하지만 선진국을 대표하는 카페 문화는 결여돼 있다. 우리나라가 선진국 대열에 합류 했듯 카페도 그 수준에 걸맞은 품격을 지녀야 한다. 이제는 대한민국에서도 외국에서 역으로 카페 문화를 수입 할 정도의 신선한 감각과 발상으로 고객의 만족이 극대화 된 멋진 카페가 등장해야 할 시기다. 스타벅스의 성공사례를 보라. 앞서가는 카페 문화를 선도해 맛과 서비스는 기본, 편리성은 당연하며 고객 감동을 주는 그들의 행보는 카페 창업을 하는 이들에게 좋은 귀감이 될 수 있다.

고사성어 중 인익기익(人溺己溺)이라는 말이 있다. '남이 물에 빠지면 자기(自己)로 인해 물에 빠진 것처럼 생각한다'는 뜻으로, 다른 사람의 고통을 자기의 고통으로 여겨 그들의 고통을 덜어주기 위해 최선을 다한다는 의미다. 손님의 불편이 무엇일까. 항상 연구하고 해결하려는 의지를 갖고 있으면 그 역시 이 시대의 차별화가 될 수 있을 것이다.

권불십년(權不十年) 매스미디어, 현명한 광고주가 돼라

매스미디어(대중매체)의 시대가 저물어가고 있다. 특히 광고의 영역에서 매스미디어의 대표격인 신문과 TV의 설 자리가 점차 사라지고 있다. 거대 매스미디어가 차지하고 있던 광고의 영역이 파편화 되고 쪼개지면서 다양한 미디어 채널로 옮겨갔다. 볼 채널 즐길 채널이 많아지며 신문 구독률과 지상파를 포함한 TV 시청률이 낮아지고, 이들에게 기대했던 광고효과도 점차 사라지고 있다. 이제 돈만 있다고 광고를 잘 할 수 있는 시대가 아니다. 어떤 미디어 채널을 선점하느냐가 광고의 승운을 좌지우지하고 있다.

필자도 사업을 하며 광고란 광고는 모두 경험해 본 바가 있다. 신문, TV 특히 홈쇼핑은 누구보다 일찍이 경험을 했다. 지금은 사람들에게서 잊혀진 이름인 삼구쇼핑을 통해 지난 1999년부터 홈쇼핑에 진출했었다. 당시 인지도 높은 연예인도 직접 섭외해 홈쇼핑에 출연시키며 나름의 성과도 냈던 기억이 있다.

역으로 당시 홈쇼핑에 투자를 했던 것을 후회 한 적도 있었다. 물건은 잘 팔리는데, 여기 저기 내야 할 돈이 많아서 투자 대비 이익이 나질 않으니 계속 이어가도 될까라는 물음이 이어졌었다. 하지만 지금 생각해보니 홈쇼핑을 통해 필자가 지금껏 사업을 유지할 있는 원동력을 얻었던 것이 아니었나 생각한다. 그때 전국적으로 브랜드를 알린 덕에 아직도 사업을 유지하고 있다.

특히 홈쇼핑 경험이 없었다면 자체적으로 통신판매시스템 구축을 해 제품을 팔 생각을 하지 못했을 것이다. 홈쇼핑의 경험을 살려 콜센터를 마련하고 이를 토대로 통신판매를 할 수 있게 돼 사업이 커질 수 있었다. 당시엔 자체적으로 통신판매시스템을 구축한 곳이 몇 없을 때다. 당시에는 업계의 판매 트렌드를 선도한다는 자부심을 가지고 있었다.

필자의 이런 경험을 요즘에 빗대기는 어려울 것이다. 미디어 채널이 다분화 되고 제품 판매 라이브 방송이 곳곳에서 생방송 되고 있다. 거대 매스미디어의 힘은 약해지고 춘추전국시대 마냥 수많은 미디어 채널들이 앞다투어 생겨나고 있다. 이런 상황에서도 매스미디어의 광고비는 도통 내려갈 생각이 없다. 아직도 과거의 영광에 취해 소비자들이 백날 천날 자신들을 찾아 줄거라 착각하고 있다.

광고주들이 현명해야 한다. 홍보비의 대부분을 매스미디어에 투자해야 한다는 고리타분한 옛 관습을 철저히 타파해야 한다. 적은 돈으로도 매스미디어보다 큰 광고효과를 볼 수 있는 곳이 존재한다는 것을 믿어야 한다. 제품 구매와 직결 될 수 있는 안성맞춤 광고 채널이 매스미디어 말고 많다는 것을 느껴야 한다. 매스미디어에 한번 광고 나올 돈으로 제품의 특성에 맞는 다양한 광고를 할 수 있다는 놀라움을 경험해야 한다.

요즘의 매스미디어는 권불십년(權不十年)이라는 말이 어울릴 듯하다. 아무리 막강한 권력도 10년 못 간다는 말인데, 우리나라의 매스미디어들은 거의 70~80년은 권세를 누렸으니 오래도 누린 듯하다. 현명한 광고주들이 새로운 시대의 미디어 광고를 선택해 콧대 높은 우리나라 매스미디어 광고 시장의 기를 꺾어놓길 기대한다.

군자고궁(君子固窮) 속 군자가 되려면
'내가 일군 내 식당을 차려라'

식당을 개업하려는 이들에겐 두 가지의 선택지가 있다. 하나는 자신만의 가게를 일궈나가는 것. 또 하나는 프랜차이즈에 가맹계약을 하여 운영하는 것. 어느 것이 좋다 나쁘다 할 것은 없다. 자신의 상황에 맞게 선택하면 되는 일이다. 하지만 요즘 사람들은 너무 쉽게 프랜차이즈를 선택한다는 느낌을 받곤 한다. 자신의 손으로 일부터 백까지 이루는 성취감을 추구하는 이들이 적어진다는 것은 아쉬운 대목이다.

프랜차이즈는 가게를 처음 운영하는 사람이더라도 쉽게 가게 운영 노하우를 받아 들일 수 있는 장점이 있다. 메뉴와 재료도 본사에서 정해진 것으로 서비스하면 되니 손쉽다. 하지만 이를 반대로 말하면 자신의 생각을 식당에 적용하지 못한다는 이야기다. 타인의 생각과 전략으로 장사해야 한다.

충분히 자신이 처음부터 끝까지 식당을 개업해 운영 할 능력이 있는 이들에게 필자는 다음과 같은 예를 하나 들어준다. 화전민들이 산을 농토로 만들 때 독이 되는 자리가 많다. 하지만 그 자리를 아주 못쓸 땅이라고 생각하지 말아야 한다. 그 땅을 어떻게든 살려내겠다는 의지가 있으면 그 땅은 비옥한 토지가 될 수 있다. 그 좋지 않은 땅이 옥토가 되기 위해선 노력과 함께 생각을 달리 해야 한다

창업을 할 때도 어려움을 극복해야 할 각오를 해야 한다. 피해선 안 된다. 화전민이 논밭을 개간할 때 자갈을 다 고른다. 누구는 자갈을 없애는 데 급급한데, 누구는 그 자갈로 탑 혹은 담을 쌓는다. 그렇게 하면 후에 돌이 분명 필요한 일이 생길 때 사용할 수 있고, 미관상 보기도 좋다. 창업도 마찬가지다. 불모지에서 시작하는 화전민과 같이 옥토를 만들기 위해 경험하고 경우의 수를 많이 겪은 사람일수록 진정한 창업가의 면모를 발산한다.

프랜차이즈는 속성주의다. 자신이 창업주가 돼 전통적인 명가가 되려는 생각을 가진 이가 없다. 참담하다. 곰삭은 식당들이 많아져야 하는데 다들 트렌드만 쫓기 바쁘다. 이래서 백 년은 고사하고 십 년을 버틸 수 잇는 가게들이 대체 몇이나 될는지 걱정이 앞선다.

군자고궁(君子固窮)이라는 사자성어가 있다. 군자는 어렵고 궁핍할 때 더 굳고 심지가 깊어진다는 뜻이다. 공자와 제자들이 진나라에 있을 때 양식이 떨어져 따라간 자들이 쇠약해져 일어나지 못했다. 자로가 화가 나서 공자도 말하기를 "군자도 또한 곤궁함이 있습니까?" 그러자 공자는 "군자라야 본래 곤궁할 수 있으나 평상시와 다름없고 소인은 곤궁하면 바로 넘쳐버린다."라고 말했다.

군자고궁에는 내 뜻을 굽혀 세속의 편한 길을 따르느니 떳떳한 역경을 선택한다는 결연함이 담겨 있다. 군자는 역경을 겪을수록 더 강해진

다. 소인은 다르다. 소인은 재물을 잃으면 안절부절못하고, 목숨이 위태로워지면 혼비백산한다. 죽음을 모면하기 위해서 무슨 짓이든 하기 때문에, 평소의 모습을 유지하지 못한다. 넘쳐버린다는 말은 강물이 강을 따라 흐르지 못하고 범람한다는 뜻이고, 제 갈 길을 잃어버리는 뜻이다. 식당을 일구려는 모든 이들이 군자의 마음을 갖길 진심으로 바란다.

어제를 반성해 오늘을 만든다,
손님을 웃게 하는 '삼성오신(三省吾身)'의 자세

뒤를 돌아보지 말고 앞만 보고 가라는 말이 있다. 이미 지나간 것들에 미련을 두지 말라는 이야기인데, 식당을 운영하는 이라면 이 말은 무시해도 좋다. 어제를 돌아볼 때가 잦고 그 돌아봄에 있어 반성을 많이 하는 주인일수록 고객 만족은 더욱 커져간다. 어제의 반성 없이 내일만을 보고 간다는 것은 자칫 잘못된 서비스의 유효기간을 늘리는 것과 같다.

필자도 군산에서 식당을 운영 중이다. 향토전통식품인증을 받았고, 군산시 전통명가 인증도 받았다. 천년명가 인증도 신청 중이다. 이렇듯 많은 인증을 받는 것은 남에게 자랑하려는 의도가 아니다. 인증을 통해 고객에게 신뢰를 주고 그 신뢰를 져버리지 않는 음식 품질과 서비스를 계속 대접해 나가겠다는 의지다.

사람 간의 감정은 사소한 것에서부터 피어 오른다. 어제를 반성해 사소한 것부터 고객에게 신경을 써야 한다. 예를 들어 필자의 식당에는 손님의 신발 분실에 대한 책임제를 시행하고 있다. 현재 대한민국의 식당에서 손님의 신발을 책임진다는 식당은 아마 얼마 없을 것이다. 나는 평시 식당에 온 손님들이 혹여 신발을 분실 했을 때 왜 그 손님은 자신의 잘못도 아닌데 도난을 당하고 배상을 못 받아야 하는지가 항상 의문이었다. 식당에 들어 선 순간 손님의 모든 것은 식당의 책임이다. 신발이 잃어버렸다면 당연히 신발값을 지불해 줘야 하는 것이 맞다. 이런 식당의 지침은 평소에도 손님의 신발을 주의 깊게 관찰하고 사고를 예방 할 수 있게 하는 하나의 장치가 된다.

또한 화장실에 일회용 칫솔을 비치해 식사를 마친 손님에게 상쾌함을 제공하고 있다. 레몬수도 항상 비치해두며 가글과 세정에 활용하도록 한다. 손님에 대한 식당 책임제. 어제의 실수를 되풀이 하지 않도록 식당에서 면밀히 살피는 것, 사소한 것에서부터 시작하면 된다. 이런 작은 실천이 명가를 명가답게 만든다. 작은 실천은 곧 차별화가 될 것이다.

삼성오신(三省吾身)이라는 고사성어가 있다. '날마다 세 번 내 몸을 살핀다'라는 뜻으로, 하루에 세 번씩 자신의 행동을 반성한다는 것을 말한다. 중국의 춘추시대(春秋時代)에 공자의 제자 증자는 항상 자신이 한 일에 대하여 잘못한 점이 있는지를 반성하였다. 《논어(論語)》〈학이편(學而篇)〉에 나오는 다음 구절에서 유래한 성어이다.

증자는 "나는 매일 내 몸을 세 번 살핀다[吾日三省吾身]. 다른 사람을 위해 일을 도모하는데 충실하지 않았는지[爲人謀而不忠乎], 벗과 함께 사귀는데 신의를 잃지 않았는지[與朋友交而不信乎], 스승에게 배운 것을 익히지 못하지는 않았는지[傳不習乎]"라고 하였다.

증자의 말에서 나온 삼성오신은, 날마다 자기 스스로 행한 일 가운데서 남의 일을 정성을 다하여 도와주었는지, 친구에게 믿음이 없는 행동을 하지 않았는지, 스승의 가르침을 잘 배웠는지 등 이 세 가지를 반성한다는 말이다. 식당을 운영하는 사장들에게 더없이 필요한 말이 아닐 수 없다.

02

창업에 지름길은 없다

메뉴가 많아야 성공한다?
대표 메뉴 하나로만 승부하라

코로나19가 성행하기 몇 해 전, 지인 중 프랜차이즈를 운영하는 대표가 인도네시아 진출을 고민하는 것을 곁에서 지켜본 적이 있다. 그는 떡볶이를 주 메뉴로 승부하는 프랜차이즈를 운영했었는데, 인도네시아에선 단일메뉴보단 다(多)메뉴가 인기가 좋아 어떤 음식을 같이 넣어 들어갈 것인가가 고민의 주된 것이었다. 이렇듯 음식은 어느 곳에서 창업을 결정하는지에 따라 어떤 메뉴를 넣어야 하는지가 달라진다. 상권이 어떻게 형성되었는가도 메뉴 개발의 중요 지표다. 하지만 길게 창업을 영위하고 싶은 이라면 아직 한국사회에서는 뚝심 있는 단일메뉴로의 승부가 더 유리한 측면이 있다는 것을 명심하길 바란다.

단일메뉴로 창업을 했다가도 '메뉴를 늘리고 싶은 욕망'은 창업한 지 몇 년이 지나면 빈번히 차오르게 된다. 창업 전 분명히 대표 메뉴를 정하고 그것에 매진을 하자고 다짐을 했음에도 불구하고, 메뉴를 늘려 고객을 더 끌어들이고 싶은 욕망은 하루에도 수 십 번씩 피어 오른다. 이것만 추가하면, 저것만 추가하면 외식업이 성공으로 치달을 것 같을 것이다. 뚝심 있게 대표 메뉴 한 가지로 외식경영을 하는 이에게 성공의 문을 더욱 활짝 열려 있다. 이는 오랜 시간 대표 메뉴 하나로 식당을 운영해 온 필자의 경험담이다.

인간의 눈을 멀게 하고 귀를 먹게 하는 것은 오롯이 인간의 욕망이다. 한 가지 색이 단조로워 세상에 존재하는 모든 색을 갖추다 한들, 소리가 심심해 모든 종류의 소리와 음악을 다 얻는다 한들 그것은 절대로 한데 어우러지지 못한다. 외식창업자들도 이와 마찬가지다. 자신의 대표 메뉴를 믿지 못하고 점차 메뉴가 늘어나다 보면 식당의 정체성은 불분명해지고 어디서나 흔한 개성 없는 식당으로 남게 된다. 가도 그만 안가도 그만, 단지 배를 채우기 위해 들르는 식당이 되고 마는 것이다.

남들과 다르게 만들 수 있는 한 가지의 음식이 있는가? 그 음식을 먹어본 이들이 모두 긍정적이고 희망찬 비전을 제시해 주던가? 그렇다면 자신의 메뉴를 믿으면 된다. 영업 초반 장사가 잘 되지 않는다고 불안한 마음이 들어 이 메뉴, 저 메뉴를 만들어서 내놓다 보면 오는 손님들도 헷갈리고 만드는 입장에서도 자신이 없어져 악순환이 반복될 뿐이다. 고객은 자신이 갔던 식당의 메뉴 중 두 개, 세 개의 메뉴를 기억하지 않는다. 식당을 떠올릴 때 대표 메뉴 하나만 기억한다. '이 식당은 이것이 맛이 있었고, 저 식당은 이것이 맛있는데 오늘은 여기로 가볼까?'라는 선택의 프로세스를 거치는 것이다.

만약 이렇게 저렇게 해도 도무지 머릿속을 맴돌며 판단을 흐리게 하는 메뉴 확장의 욕망을 참지 못할 때에는 대표메뉴와 함께 즐길 수 있는 사이드 메뉴를 개발 할 것을 추천한다. 대표메뉴와 함께 곁들이면 좋은 가벼운 음식을 개발해 서비스 하면 테이블 객단가도 높아질뿐더러 대표 메뉴에 대한 사람들의 호응도가 점차 올라갈 것이다. 김치찜 식당이 김치찜과 어울리는 계란말이를 내듯이 말이다. 단 하나의 대표메뉴와 그와 어울리는 사이드 메뉴의 힘은 우리의 생각보다 훨씬 강력하다.

앞서 이야기 했던 인도네시아 진출을 고민하던 프랜차이즈 대표는 결국 인도네시아 진출을 포기했다. 자신이 없는 메뉴를 곁들여 성공할 리 없다는 것을 깨달았기 때문이다. 당시에는 아쉬웠겠지만 현재 그 프랜차이즈는 강력한 단일메뉴와 그와 어울리는 사이드 메뉴 개발로 코로나 19 시대에도 굳건히 버티고 있다.

늙으면 모두 은퇴해야 하나,
우리의 늙음은 발단심장(髮短心長)이다

예전 농경사회나 산업화 시대에선 '장수(長壽)'가 꿈이었다. 아니 그 이전 시대부터였을지도 모르겠다. 그 옛날 진시황이 불노불사를 외치며 각고의 노력을 기울이던 때가 있었으니 말이다. 의학의 발달로 이제는 이른바 100세 시대가 됐다. 하지만 요즘 세상에 수명이 늘어났다고 마냥 기뻐만 하는 사람들은 몇 없는 것 같다. 100세 시대에 하릴없이 노는 사람들이 늘고 있고 있기 때문이다. 더 이상 그 어떤 기업에서도 원치 않는 존재가 되어 버린 은퇴연령의 사람들은 대개 자신이 가진 재산을 자식에게 나눠주고 그들에게 용돈을 타서 쓰는 지루한 일과를 반복하고 있다.

은퇴연령이 65세라고 가정하면 약 30여 년간을 직업 없이 자식들이 주는 용돈과 연금으로 삶을 이어나가는 이들이 늘고 있다. 이들은 신체적 능력을 떨어졌을지언정 그간 살아온 날들이 축적된 삶의 노하우나 사업의 노하우는 특별하다. 현재 뒷방 늙은이 신세가 된 이들에게 고한다. 걸을 힘이 있거들랑 꿈을 꾸고 노력을 하라고 말이다. 자식에게 돈을 넘겨

주지 말고 그 돈으로 열심히 사는 아버지의 모습을 더욱 오래 보여주라고 말이다.

혹자는 이렇게 말할 것이다. 젊은이들도 취업하기 어려운 이 시대에 은퇴한 이들을 다시금 받아 줄 기업이 그 어디 있겠냐고 말이다. 누가 취직을 꿈꾸라고 했는가. 바로 은퇴한 당신의 나이야 말로 창업을 하기 정말 좋은 나이다. 풍부한 경험과 적지 않은 자본금을 가지고 있는 당신이라면 창업을 통해 제2의 인생을 다시금 설계할 수 있다.

이른바 '실버 창업'의 가장 큰 장점은 오랜 시간 동안 쌓아온 넓은 인맥과 전문성, 그리고 경험이다. 또한 모아둔 자금이나 퇴직금을 활용한다면 젊은 층보다 창업자금을 마련하기가 훨씬 용이하다. 젊은 치기로 부딪히는 창업이 아닌 오랜 노하우가 집약된 창업이라면 그만큼 성공 확률도 높아질 터다.

한국창업연구원은 '성공적인 실버 창업을 위한 십계명'을 발표한 바 있다. 첫 번째, 돈을 버는 것 뿐 아니라 일 자체가 자신의 능력에 맞고 즐거운 것이어야 한다. 돈 벌기만을 위한 창업이라면 실패하기 쉽다. 두 번째, 사회적으로 인정받는 일로서 남들이 좋은 인식을 갖는 아이템이어야 한다. 세 번째, 과거에 집착해 대접받기를 바라지 말자. 화려했던 과거 대신 현실을 직시하는 것이 필요하다. 네 번째, 평생 자신이 해 온 일을 통해 자신이 가장 자신 있게 할 수 있는 일을 찾아낸다. 다섯 번째, 지역 자원봉사 등을 통해 자신이 할 수 있는 일을 찾아낸다. 여섯 번째, 동료 친척 가족 등 주위의 인적 네트워크를 활용한다. 일곱 번째, 다양한 사람과 만날 기회를 갖는다. 컴퓨터활용, 영업·마케팅방식 등에서 아이디어를 얻을 수 있다. 여덟 번째, 수익대비 비용 절감 방법을 연구한다. 아홉 번째, 젊은 사람들과 경쟁해야 하는 업종은 피하도록 한다. 열 번째, 전 재산을 걸고 하기 보다 보람을 느끼는 정도의 규모로 시작한다.

십계명의 마지막 항목이야말로 필자가 전하고픈 진정한 메시지다. 평생을 번 돈을 자식에게 나눠 줄 생각보다, 그 돈을 활용해 제2의 인생을 사는 아버지의 뒷모습을 오랫동안 가족들에게 보여주는 것이 더욱 현명한 자세다. 은퇴한 이들이여. 꿈을 꿔라. 나이가 찍은 문장부호가 마침표가 아닌 쉼표가 될 수 있도록 진한 꿈을 다시 한 번 꾸자.

좌전(左傳)에 발단심장(髮短心長)이라는 말이 나온다. 머리털은 빠져 짧으나 마음은 길다는 뜻이다. 곧 나이는 먹었으나 슬기는 많음을 이른다. 젊음이 무기라고 하지만 늙음도 무기다. 젊음이 가지지 못하는 슬기로움과 삶의 노하우를 통해 여전히 사회의 일원으로 열정을 불태울 수 있음을 증명하길 바란다.

여전한 '노쇼' 행태, 예약 위약금 30%까지 올려야 발걸음에 책임감이 깃든다

거리두기가 강화됨에 따라 식당을 운영하는 자영업자들의 울분이 더욱 차오르고 있다. 피해보상금 지급이 곧 시행된다고 하나 그 액수가 실제 피해액 대비 형편 없는 수준이다. 대목이었어야 할 크리스마스를 좌절로 보낸 식당 주인들을 더욱 참담하게 만드는 것이 하나 더 있다. 아직도 근절되지 못한 '노쇼(No show)'의 행태다. 이른바 노쇼 방지법이라 불리는 '소비자 분쟁 해결 기준' 개정안이 시행되고 있으나 현장에선 아직도 '노쇼'로 인해 피해를 보는 식당 주인들이 많다. 법을 더욱 강화 해 노쇼를 일삼는 소비자들에게 제재를 크게 적용해야 할 필요성이 있다.

'노쇼(No show)'란 예약 날짜에 연락도 없이 나타나지 않는 고객을 뜻하는 말이다. 식당, 미용실, 병원, 고속버스, 공연장, 호텔 등 서비스업 전반적으로 쓰이는 용어다. 특히 식당 등에서 자주 쓰이는 악성 용어인 노쇼는 식당 업주들에게 식자재 비용, 다른 손님을 받을 수 있는 사회비용, 음식을 만드는데 들이는 노동력 등의 기회비용을 앗아가고 있다.

몇 해 전 공정거래위원회(이하 공정위)는 '소비자 분쟁 해결 기준' 개정안을 시행한 바 있다. 공정위는 외식 서비스업은 연회 시설 운영업과 그 이외의 외식업으로 구분, 예약 취소 시기에 따라 위약금을 차등 지급하도록 규정했다. 돌잔치, 회갑연 등의 연회시설은 예약일 1개월 전 이후에는 취소할 수 없으며, 7일 전에 취소하면 계약금을 받지 못하고 7일 전 이후에 취소하면 계약금 치 총 이용 금액의 10%를 물어야 한다. 그 외의 외식업에 대한 규정은 예약시간 1시간 전 이전에만 취소할 수 있으며 그 이후에 취소하면 예약보증금을 위약금으로 내야 한다. 한편 사업자는 자신의 사정으로 예약이 취소하면 예약 보증금의 2배를 환급해야 한다.

하지만 이처럼 규제를 강화했는데도 불구하고 사회 곳곳에서 나타나는 악성 노쇼 고객들은 여전히 끊이지 않고 나타난다. 또한 노쇼 위약금 규정 도입에 대한 식당들의 반응은 엇갈리고 있다고 한다. 많은 식당들은 노쇼에 대한 피해를 법적으로 보상받을 수 있게 돼 환영한다는 입장이다. 반면, 혹시나 손님과 위약금을 놓고 분쟁으로 이어져 손님을 놓치는 일이 발생할 수 있다는 점을 우려하는 목소리도 나오고 있다.

최근엔 거리두기 강화로 인해 더욱 급작스럽게 취소를 하는 사례들이 나오고 있다. 이에 인기가 많은 식당들을 중심으로 아예 예약을 받지 않고 오는 순서대로 줄을 세우는 풍경이 자주 보이고 있다. 불필요한 분쟁을 사전에 차단해 공정하게 손님에게 기회를 준다는 것이다. 충분히 이해가 가는 처사다. 온 순서대로 차례차례 줄서기만큼 좋은 해결방안이 없지 않은가.

개인적으로 향후 노쇼에 대한 제재가 더욱 강화되어야 한다고 생각한다. 예약금 비중을 전체 식사비의 30%까지 늘리고 노쇼 시행 시 이를 전부 식당 측에 위약금으로 배상하는 것이 골자다. 안락하고 편안한 식사를 위해 예약을 했고 식당에 그것에 맞게 준비를 원했으면, 그에 맞는 소비자의 태도도 중요하다. 혹자는 30%가 많다고 느낄 수 있어도 그 정도까지는 지불해야 식당으로가는 발걸음에 책임감이 깃들 수 있을 것이라 생각한다.

'아직도 개를 식용으로 생각?' 대체 보신음식 개발이 필요하다

개를 식용으로 먹는 것에 대한 찬반 논쟁은 해마다 계속 됐다. 반려동물인 개를 잡아먹는 악습은 근절해야 한다는 의견과 소, 돼지를 먹는 것과 개를 먹는 것은 차이가 없다는 의견은 항상 평행선을 달리며 끝나지 않는 싸움을 하고 있다. 하지만 한국전쟁 이후 몸을 보신할 고기가 귀해져서 개를 식용으로 먹었던 것과는 다르게 이제는 개를 대신 할 보양식이 수많이 개발 돼 있는 상황이다. 이제 개를 식용으로 보기보다 그것을 대체 할 다른 보신 음식을 찾는 것이 합리적이라 생각한다.

국내 반려견을 키우는 가구는 매년 늘어나는 추세다. 통계청에 따르면 지난해 기준 우리나라에서 반려동물과 함께하는 가구는 242만3000가구로 전체 가구의 11.6%를 차지한다. 수년전 대통령이 "이제는 개 식용 금지를 신중하게 검토할 때가 되지 않았는가"라며 관계부처에서 검토해달라고 지시 한 바도 있다. IT 강국이라는 추앙을 받고 있는 한국이 외국인들에게 개를 잡아먹는 미개한 습성이 있는 나라라는 비아냥을 듣고 있다. 해외축구의 아버지라 불리는 박지성 선수도 네덜란드 리그 아인트호벤 팀에서 뛰고 있을 당시 팬들이 그의 노래로 개고기송을 만들어 부른 것은 유명하다. 최근 박지성 선수가 인터뷰에서 한국에선 더 이상 개를 먹지 않으니 자제해 달라는 말을 한 적도 있다.

반려동물을 먹는 나라라는 프레임은 국격을 훼손시킨다. 선진국 대열에 오른 한국이 아직도 자신이 기르던 개를 먹는다는 프레임은 나라의 위상이 한 단계 도약하는데 걸림돌이 되고 있다. 많은 동물보호 단체에서 복날만 되면 성명을 발표하거나 집회를 여는 것은 단지 그들이 반려견을 사랑하는 마음뿐 아니라 국격 하락의 위험성까지도 내포한 움직임이 아닐까 하는 생각이다. 그래도 예전보다는 개를 먹는 이들이 현저히 줄긴 했다. 하지만 개를 먹던 사람에게 당장 내일부터 먹지 말라고 해서 그 사람이 안 먹게 할 수도 없는 노릇이다. 그 사람들에게 개를 안 먹게 하는 가장 이상적인 방법은 개를 대체 할 다른 보양음식을 개발 해야 하는 것이다. 장어나 인삼, 흑염소 등이 현재 가장 알려진 보양식 중 대표적인 것들인데, 이들 외에도 재료와 요리법의 변형을 다채롭게 적용해 개를 먹는 이들이 충분히 만족감을 느낄 수 있는 보양식의 개발이 필요하다.

견마지심(犬馬之心)이라는 말이 있다. 충성스런 개와 말의 마음을 일컫는다. 개나 말처럼 주인에게 충성을 바치는 태도를 비유한 말이기도 하다. 요즘 개가 사람보다 낫다는 이야기를 종종 듣는다. 퇴근 할 때면 식구들이 다 자고 있어도 개만은 꼬리를 치며 달려와 반겨주는 모습에 힐링을 받고 있는 이들이 많다. 대가족의 막내로, 1인 가구의 동반자로 현대사회를 살아가는 개들에게 사람으로 상처받는 일들이 더 이상 없도록, 그로 인해 한국의 위상이 올라갈 수 있게 되길 바라본다.

창업아이템 포화 상태 된 지구,
시선을 우주로 돌린다면?

창업을 꿈꾸는 이들이라면 창업 아이템에 관한 고민을 하기 마련이다. 신선하고 독특한, 대중에게 사랑 받을 수 있는 창업 아이템. 하지만 이미 세상엔 사람이 생각할 수 있는 모든 창업 아이템이 나와 있다. 그것을 변형하거나 발전 시킨 것이 새로운 창업 아이템이라 추앙 받는다. 하지만 사실 시선을 달리하면 생소한 창업아이템을 발견할 수 있다. 지구에서 시선을 거둬 우주로 돌린다면 말이다.

우주 산업은 첨단 과학이 집약 된 산업이다. 지구와는 다른 환경에 적응하고 생활하기 위해 개발된 다양한 아이템들이 존재한다. 그리고 그 아이템은 역으로 지구로 귀환해 성공을 거둔 사례들이 많다. 지구와는 다른 상황에서 쓰기 위해 개발했지만 지구에서 쓰면 더 좋은 이 진귀한 물건들을 주목하면, 향후 당신의 기막힌 창업 아이템이 될 수 있다. 지금껏 우주에서 쓰기 위해 개발되었다가 지구로 귀한 한 제품들의 면면을 소개하겠다.

우선 적외선 귀 체온계다. 코로나 시대에 이제는 가정집에서 흔히 보이는 필수품이 됐다. 사실 적외선 귀 체온계는 1991년도에 Diatec이라는 회사에서 개발한 제품이다. 회사의 팀원들은 나사(NASA) 연구원들로 이루어져 있었다. 적외선 귀 체온계는 나사에서 '슈테판=볼츠만 법칙'을 이용, 별의 온도를 측정하기 위해 개발했던 적외선 온도 측정 기술에서 착안해 만들어졌다.

다음으로 침대 매트리스. 베개, 방석 등으로 사용되는 메모리폼이다. 메모리폼은 스펀지의 일종으로 점탄성으로 인해 원래 형태로 잘 돌아오기 때문에 사람들이 편한 자세로 휴식을 취할 때 유용하게 사용되고 있다. 메모리폼은 오랜 비행시간 동안 앉아서 일해야 하는 우주비행사의 의자를 개선하기 위해서 'Ames Research Center'에서 개발되었다. 1960년대에 나사에서 개발하고 이후에 일반 기업들이 사용할 수 있도록 공개하면서 오늘과 같이 메모리폼이 의료, 가구 등 다양한 분야에서 사용되고 있다.

동결 건조식품 역시 우주에서 먹기 위해 개발된 발명품이다. 우주 식품은 전투 식량과 같이 특수한 상황을 위해 만들어졌기 때문에 상온에서도 장기간 보관이 가능하도록 동결 건조 기술을 이용해 제작됐다. 동결 건조란 아주 낮은 온도의 진공상태에서 음식의 수분을 승화시키는 공법으로 이 기술을 이용해 음식을 건조하면 음식의 형태와 식감은 유지되고 수분만 증발해 음식을 오랜 기간 동안 보관할 수 있게 된다.

대표적인 동결 건조 식품으로는 라면 건더기 스프, 인스턴트 커피. 말린 과일 등이 있고 아이스크림도 있다. 물론 과일과 같은 신선한 형태의 식품, 작은 빵과 같은 자연형태의 식품은 바로 포장 팩을 뜯어 먹을 수 있다. 하지만 몇몇 식품들은 준비가 필요하다. 건조된 음식의 경우 정해진 양의 물을 부어 원래 형태로 복원시킨 뒤 먹으며, 빵과 같이 부스러기가 잘 발생하는 음식은 한 입에 들어갈 수 있을 정도의 작은 크기로 제공된다. 후추와 소금은 액체로 만들어 사용하는데, 왜냐하면 우주에는 중력이 없기 때문에 사방으로 흩어져 기계가 고장 날 수도 있기 때문이다. 음료수는 팩 형태로 만들어 물을 타서 잘 흔들어 섞은 후 빨대로 빨아먹는다.

인류의 시선이 계속해 우주로 향해 있는 동안 우주산업 기술은 날로 발전 되어 갈 것이다. 이로 인해 다양한 제품들도 파생될 것이다. 그렇다면, 우리 예비 창업자 역시도 향후 창업 아이템을 찾기 위해 시선을 지구에서 우주로 돌린다면 그 누구와도 차별화 된 창업 아이템을 얻을 수 있지 않을까.

비싼 가격과 쓰레기 문제 '밀키트 시장', 동결건조식품이 대안 될 수 있다

최근 식품업계에서 가장 주목 받는 키워드는 밀키트다. 한국 농수산식품유통공사에 따르면 밀키트 시장의 규모는 전년보다 85%증가한 1882억 원 규모다. 오는 2025년까지 연평균 31%수준으로 성장해 7253억 원에 이를 것으로 전문가들은 전망하기도 한다. 현재 수많은 밀키트가 나오고 있지만 환경문제와 비싼 가격 등을 지적 받으며 밀키트의 또 다른 변신이 필요한 시점이다. 필자는 종국에 아웃도어용 밀키트가 가정 내에서까지 큰 인기를 얻을 것으로 예측한다.

현재 밀키트 시장의 경쟁이 치열해지면서 상품의 질이 현저히 올라가고 있다. 비싼 식재료를 사용하거나 지역 맛집이나 유명 레스토랑과 협업해 제품을 만들기도 한다. 질적으로 확실히 높아진 것만은 분명한 사실이다. 전국의 유명 맛집, 셰프와의 협업을 통한 프리미엄 밀키트는 식당에서 먹는 음식을 가정에서 즐길 수 있다는 장점이 있다. 또한 다양한 국가를 대표하는 음식으로 만든 이색 밀키트는 기념일과 같은 특별한 날의 운치를 가정 내에서 만들어 주기도 한다.

밀키트의 고도 성장에는 배송 서비스의 질적 향상과도 관계가 있다. 콜드체인을 갖춘 배송시스템이 확대되면서 밀키트 시장은 고공 성장을 하고 있다. 새벽배송, 샛별배송 등 전날 저녁에 시키면 다음날 새벽에 가져다 주는 빠른 배송 서비스가 냉장, 신선 식품에 대한 소비자들의 우려를 불식시켰다.

하지만 고공 성장하고 있는 밀키트 시장의 발목을 잡는 불안한 부분이 존재한다. 그것은 바로 비싼 가격과 쓰레기 문제다. 밀키트가 프리미엄화 되어가고 있다 보니 자연스레 희귀한 식자재와 비싼 식자재를 메뉴에 포함 시키는 곳이 많아졌다. 이에 자연스레 밀키트의 가격도 올라가고 있는데, 맛집에서 포장해서 먹는 가격과 다를 바 없이 비싼 밀키트 제품들도 많다. 소비심리가 잔뜩 위축된 불경기가 오래가면서 소비자들은 점점 비싸지는 밀키트 가격에 적응하지 못하고 밀키트 구매를 포기하게 되는 경우가 발생하고 있다.

또한 밀키트는 구성 특성상 식재료 하나씩 개별포장을 해야 한다. 때문에 이에 따른 쓰레기가 많아질 수밖에 없다. 버섯 하나, 양파 하나, 면 하나, 소스 하나 등 재료마다 다른 포장을 사용하고 그들을 한데 담는 플라스틱도 존재하니, 밀키트 제품을 한번 요리 하다 보면 재활용 쓰레기가 넘쳐날 수밖에 없다. 이를 타파하고자 어떤 밀키트 업체에서는 분해가능 플라스틱 포장재를 사용하는 경우도 있다. 하지만 이를 밀키트 업체 전체로 확대하기엔 비용과 시작적 측면을 고려해야 하기 대문에 쓰레기 문제에서 밀키트 산업을 계속 발목을 잡힐 수 밖에 없다.

이처럼 비싼 가격과 쓰레기 문제가 밀키트 업체를 곤욕스럽게 한다면 종국에는 아웃도어 식품처럼 아주 간단한 동결건조 식품들이 인기를 얻을 가능성이 높다. 현재 국이나 스프, 밥 등 동결건조 식품들은 주로 야외생활을 하려는 이들을 중심으로 인기를 얻고 있다. 하지만 요즘처럼 초 패스트 시대에서 물만 부으면 한끼 식사를 완성할 수 있다는 메리트는 점점 부각될 것이다. 더욱이 꽃게탕을 비롯해 다양한 동결건조식품을 선보이려는 업체들이 늘어가면서 소비자에게 다양한 선택지가 제공 될 것으로 전망된다. 쓰레기 걱정과 비싼 가격 논란에서 비교적 자유로울 수 있는 동결건조식품 시장이 향후 밀키트 시장 지형을 어떻게 바꿔놓을지 지켜보는 것도 좋을 것이다.

반려동물 사업을 생각한다면
'대형견' 시장을 주목하라

혹시 '팬데믹 퍼피', '팬데믹 펫'이란 용어를 들어본 적 있는가? 코로나 19 팬데믹으로 집에 있는 시간이 늘면서 반려동물 입양이 늘면서 생겨난 용어다. 이외에도 반려동물을 가족처럼 여기는 펫팸족(pet+family), 맞벌이 부부가 아이 대신 반려동물만 기르는 '딩펫족'(딩크족+pet) 등 관련 신조어도 잇따른다. 상황이 이렇다 보니 반려동물로 인한 경제활동을 뜻하는 펫코노미(pet+economy) 시장도 급팽창하고 있다. 창업을 고려하고 있는 이들이 라면 펫코노미 시장도 주의 깊게 관찰 할 필요가 있다. 특히 대형견 시장은 아직 한국에서 미진한 부분이기에 대형견 특화 산업을 더욱 주목해야 한다.

2012년 9천억 원이던 국내 반려동물 시장 규모는 올해는 7조 원을 넘어설 전망이라고 한다. 한국의 반려동물 산업 규모는 이미 4조원 시장의 육아용품 산업 규모를 넘어섰다. KB금융지주 경영연구소가 발표한 '2021 한국반려동물보고서'에 따르면 지난해 말 기준 한국에서 반려동물을 기르는 반려 가구는 604만 가구로 전체 가구의 29.7%를 차지하는 것으로 나타났다. 반려인은 1448만 명으로 국민 4명 중 1명꼴로 반려동물을 키우고 있는 셈이다.

이에 국내에서는 애견 카페, 애견호텔, 애견 유치원 등의 반려동물 시장이 활성화 되어 있다. 반려동물 중 개를 키우는 비중이 많다 보니 자연스레 개를 위주로 한 산업이지만 앞으로 다양한 반려동물을 케어 할 수 있는 곳들이 나타날 전망이다.

필자도 개를 키우고 있다. 3마리의 개를 키우고 있는데, 그 중 한 마리는 시베리안 허스키다. 마당에서 생활하며 최대한 자유를 만끽할 수 있게끔 신경 쓰고 있다. 하지만 큰 개를 키우다 보니 우리나라 반려동물 산업의 아직 미진한 부분을 몸소 느낄 수 있는 경우가 생긴다.

우선 큰 개에 대한 사람들의 인식이 그리 좋지 못하다는 점이다. 입마개를 필수적으로 해야 하는 5대 견종이 있지만, 큰 개라면 무조건 입마개를 해야 한다는 사람들의 인식 때문에 종종 눈치를 받게 된다. 죄 지은 것도 아닌데 괜스레 죄 지은 마음도 들고 말이다.

큰 개를 키우면서 가장 눈치가 보이는 부분이라면 바로 개와 함께 여행을 갔을 때다. 현재 국내에 있는 애견호텔 및 리조트의 경우 소형견 위주의 영업을 하고 있다. 중형견까지 받아주는 호텔과 리조트가 있긴 하지만 그 수가 현저히 적다. 중형견도 저럴 진데 대형견은 함께 투숙하려면 그야말로 난관에 봉착 할 수밖에 없다. 가고 싶은 여행지가 있어도 애견호텔이 대형견을 받아주는 곳이 없다면 이미 그 곳은 여행지에서 탈락이다.

애견 카페도 마찬가지다. 대형견을 끌고 편하게 자리에 앉아 커피 한 잔을 마실 수 있는 애견카페는 그야말로 극소수다. 카페 주인이 대형견을 키우고 있어 손님들이 마음을 배려해주지 않는 이상 대형견과 함께 앉아서 잠시나마 시간을 보낼 수 있다는 것은 상상 속의 일이다. 물론 대형견이 소형견을 공격하는 만약의 불상사를 막기 위함이란 것은 잘 알고 있다. 하지만 공간 구분을 해 대형견 존과 중소형견 존을 따로 해두는 곳이 적다는 것은 아직 사회의 인식이 대형견을 품을 만한 그릇이 아니라는 것이다.

반려동물 관련 창업을 고려하고 있는 이들이라면 대형견에 특화된 사업을 하길 적극 추천한다. 대형견에 대한 반려인들의 니즈는 점점 커져가고 있는데 사회 인프라 상 대형견과 함께 갈 수 있는 곳은 몹시 한정적이다. 대형견을 키우는 반려인들의 고충을 조금이라도 해소할 수 있는 곳이 있다면, 그 곳은 존재만으로 이미 핫플레이스가 될 가능성이 높다.

베이비부머 세대의 창업,
MZ세대의 이해로부터 출발해야

미국에서 가장 위대한 세대라고 불리는 이들이 있다. 1930년대 미국 대공황 시대에 태어나 2차 대전에 참전한 세대들이 바로 그들이다. 이들은 1950~1960년 대 경제발전을 이룩해 미국을 세계 최강의 나라로 올려놓은 세대다. 하지만 필자에겐 이 미국인들보다 더욱 위대한 세대라고 인정하는 이들이 있다. 바로 대한민국의 '베이비부머' 세대다. 한국전쟁 직후인 1955년부터 가족계획정책이 시행된 1963년까지 태어나 대한민국의 경제성장에 엄청난 영향을 끼친 한국 경제발전의 주역들. 이들은 대한민국을 70년 남짓한 기간 동안에 전쟁후진국에서 중진국을 거쳐 선진국 문턱에까지 올 수 있게 견인해 왔다.

그 치열한 시간들을 견디며 살아온 '베이비부머' 세대들은 이제 일을 놓고 제2의 인생을 살아가야하는 시기가 왔다. 이들 중 대부분은 은퇴 후 놀자는 생각보다 새로운 일을 하려는 생각이 강하다. 하지만 시대 특성상 실버 세대들에게 허락된 일자리가 그리 많지 않다. 이에 자연스레 창업을 생각하게 된다.

창업을 하는 '베이비부머' 세대들이 공통적으로 어려워하는 부분이 있다. 그것은 바로 직원 관리다. 요즘의 20,30대는 영 뺀질 뺀질 하게만 보이고, 자기 세대와는 다른 불성실함에 화가 머리 끝까지 차오른다는 '베이비부머' 창업자들. 왜 이렇게 다른 세대들의 행동거지는 하나같이 마음에 차지 않는 걸까. 그것은 '베이비부머' 세대들의 눈높이가 너무나 높기 때문이고, 다른 세대를 이해하고 배려 할 준비가 되어 있지 않기 때문이다. 이른바 MZ세대라 불리는 이들은 그간의 사회 통념을 벗어난 사고와 행동을 하고 있는데 이들은 예전의 시선으로 바라본다면 죽어도 그들을 이해할 수 없다.

일전에 인도네시아 한인식당을 방문했을 때의 일이다. 매장은 40평 남짓 되어 보이는데, 직원이 20명 정도가 근무를 하는 것을 보고 의아한 생각이 들었다. 한국인 대표는 여기 사람들은 시키는 것만 하기 때문에 빈 그릇 치우는 직원, 서빙 하는 직원, 계산 하는 직원, 주문 받는 직원 등을 다 따로 고용해야 한다는 것이었다. 예전에 인도네시아는 네덜란드 식민지였다. 식민지 통치 방식 중에 시키는 것만 하게 하는 방식이 있다고 한다. 인도네시아 사람들은 아직까지 그 방식에 길들여진 채 그대로 살아오고 있는 것이다. 그럼에도 한국인 대표는 그 인도네시아 사람들의 고용을 보장해 줬다. 인건비를 아끼려 한 명에게 많은 일을 시키지 않았다. 인도네시아의 과거를 이해하고, 그들의 현재를 배려해 준 것이다.

배려와 관련한 또 다른 이야기를 해주고 싶다. 탈무드 이야기다. 탈무드에 '맹인과 등불'이라는 이야기가 수록돼 있다. 어떤 사람이 캄캄한 밤에 거리를 지나고 있었다. 그때 맞은편에서 장님이 등불을 들고 걸어오는 것이 보였다. 이 사람은 그 이유를 알 수가 없어, 장님에게 넌지시 물어보았다. "앞도 보지 못하면서, 불은 왜 들고 다닙니까?" 그러자 장님이 이렇게 대답했다. "제가 등불을 들고 다니는 것은 저를 위함이 아닙니다. 남을 위한 것입니다. 내가 불을 들고 걸어가면, 눈 뜬 사람들이 나를 알아보고 피할 수 있을 테니까요."

인도네시아의 사례와 탈무드 이야기를 복기해보면 '베이비부머' 세대들 역시 MZ세대들을 향해 배려와 기다림의 인정을 내보여야 할 것 같다. 서로의 다름을 인정해야 한다. '베이비부머'와 같은 위대한 세대를 과연 어떤 세대들이 만족을 시킬 수 있을까. 후배들을 인정하고 배려하는 마음으로 창업을 시작해야지, 그렇지 않으면 자영업을 하는 내내 불행과 함께 하게 되는지 모를 일이다.

그간 '베이비부머' 세대가 힘들고 어려운 시간들을 등불 하나에 의지한 채 무척이나 힘들게 왔음을 알고 있다. 이제 그 등불의 사용 용도를 자신에서 타인으로 옮겨야 한다. 오포 세대, 칠포 세대라 불리며 나름의 힘든 시간을 견뎌내고 있는 요즘의 젊은 세대들을 위해 위대한 세대들이 들고 있는 환한 등불을 빌려주시길. 그 배려의 등불이 당신 창업의 앞길을 반드시 환히 밝혀줄 것이다.

예비 창업자라면 '명태 멸종'에 대한 성찰을 해야 한다

우리는 자원을 지구에 빌려 쓰고 있다. 무한정 나오는 것이 아니다. 우리가 먹는 식재료 역시 마찬가지다. 한정된 상황 속에서 종이 멸종되지 않도록 각고의 노력을 해야 한다. 하지만 우리는 살면서 그 당연한 진리를 잊고 산다. 창업을 할 때도 이 점은 중요하다. 원재료가 풍부한 창업 아이템을 선정해야 하는데, 고갈되어 복원할 수 없는 복원하려면 시간이 드는 원재료를 선택하면 필패를 면치 못한다.

원재료가 명졸 상태에 다다랐다는데 '명태'의 이야기를 안 할 수가 없다. 명태 어업은 조선 후기 들어 크게 번성했었다. 공식 사서(史書)에는 효종 3년(1562년) 승정원일기에 처음 언급된 이후 조선후기 사서에 줄지어 명태 관련 기록이 등장한다. 명태가 우리 선조들에게도 '국민 생선'이었다는 것을 많은 역사 기록이 확인해주고 있다.

명태는 과거 동해안의 최대 소득원이었다. 1970년대부터 1980년대 후반까지 적게는 연간 1만여t에서 많게는 5만여t까지 잡혔다. 국가통계포털 어업·품종별 통계(1970~2020년)에 따르면 강원도 명태의 최대 풍어기는 1974년으로, 그 해 5만5081t을 잡아 올렸다. 하지만 1990년대 들어 어획량이 급감했다. 1999년에는 1329t, 2001년에는 72t으로 기하급수적으로 떨어졌다. 2007년부터는 어획량 '0'을 기록하기도 했다. 2007년 이후 연간 어획량은 많아야 연간 2t을 오가고 있다.

정부는 지난 1963년 수산자원보호령 제10조에 길이 27㎝ 이하의 명태는 포획을 금지시켰으나, 8년 뒤 노가리를 대상으로 하는 소형명태 어업을 합법화했다. 이로 인한 부작용은 엄청났다. 노가리 어획량이 명태 어획량의 85~94%를 차지하는 상황에 이르렀다. 노가리 남획으로 명태 어획량이 떨어지자 정부는 1996년 10㎝ 이하, 2003년 15㎝ 이하, 2006년 27㎝ 이하의 명태를 잡지 못하게 했지만 너무 늦었다. 1971년부터 2006년까지 30년 넘게 노가리가 남획되면서 명태가 동해에서 아예 자취를 감추는 결과를 초래했다. 결국 정부는 지난 2019년 명태 포획을 전면 금지했다.

1980년대까지 자급자족이 가능했던 명태가 사라지면서 100% 수입에 의존하는 신세가 됐다. 한국무역통계진흥원 자료를 보면 2021년 국내에서 수입한 명태 99.9%가 일본산(13만7216t)으로 나타났다. 러시아산이 0.1%(134t)를 차지했다. 국산 명태가 떠난 빈자리는 수입산 명태로 채워졌다. 국산 명태는 멸종 상태에 있고, 외국산 의존도는 더욱 커지면서 동해안에서는 사라져 가는 종(種) 자원회복에 대한 시급성이 더욱 절실해지고 있다. 정부가 지난 2014년부터 인공 종자 어린 명태를 방류하는 등 '명태 살리기 프로젝트'를 추진하는 것도 시대와 국민 수요에 부응하기 위한 것이다.

명태는 시작일지도 모른다. 앞으로 얼마나 더 많은 종의 멸종이 일어날지 생각하면 눈 앞이 아득해진다. 이 세상을 살아가는 지구인의 입자에서, 창업을 하는 입장에서는 종의 멸종에 대해 더욱 성찰을 해야 한다. 지구가 멸망할 때까지 원재료가 풍부한 것을 찾아야 한다. 물론 지구가 멸망할 때까지 원재료가 풍부 하려면 그 종을 지키려는 전지구적 노력이 뒷받침 되어야 한다. SF 영화 속 캡슐 하나로 배부르게 하는 미래사회의 이면에 종의 수많은 멸종이 암시되어 있다는 것을 우린 깨달아야 할 것이다.

식자우환(識字憂患)의 우를 범하지 말고
데이터를 활용하라

흔히들 데이터 시대라 한다. 아날로그 시대가 경험과 직관으로 승부하는 창업시대라 한다면 디지털 시대로 넘어오면서 정확한 데이터 값으로 성공과 실패를 가늠할 수 있게 됐다. 하지만 아직까지도 많은 창업자들에게 데이터란 먼 나라 이야기다. 너무 어렵고 귀찮은 일일 것만 같은 데이터 공부를 아예 시도조차 하지 않고 있다. 하지만 데이터를 활용한다는 것이 그리 어렵지 않고 조금만 관심을 기울인다면 창업의 성공에 큰 역할을 기대할 수 있다. 물론 데이터 공부를 혼자 하긴 어렵다. 데이터를 활용해 사업을 해보고 싶은데 그럴 수 없는 환경에 있는 이들이 있다면 국가에서 지원해주는 다양한 정책들을 활용하는 것을 추천한다.

국가에서 소상공인과 중소기업을 위해 데이터 활용의 문을 넓혀주는 사업 중 가장 비중 있는 것은 바로 데이터바우처 사업이다. 햇수로 5년째를 맞이하는 데이터바우처 사업은 데이터를 가지고 있는 공급기업과 데이터를 필요로 하는 수요기업을 매칭해 정부에서 데이터 값의 일정부분을 지원해줘 소상공인과 중소기업의 데이터 활용도를 높인다는 취지를 가지고 있다.

현재 데이터바우처 홈페이지에 들어가보면 디지털 기반 공급사들이 가진 다양한 데이터들을 확인해볼 수 있다. 물론 창업자들에게 필요한 데이터들도 차고 넘친다. 대표적인 것이 상권분석 데이터다. 창업자의 점포 주변 상권이 어떻게 형성돼 있는지 확인 할 수 있는데, 유동인구, 거주인구, 상가건물의 정보 등을 확인할 수 있어 오프라인 마케팅과 홍보 및 지점을 낼 때도 유용하게 확인할 수 있다.

온라인 상권 데이터라는 것도 존재한다. 제조업을 영위하거나 홈페이지나 오픈 마켓을 통해 제품을 판매하는 소상공인의 경우 유용하게 활용 가능하다. 검색어를 기반으로 그 검색어를 적은 사람들의 속성정보를 통해 그들의 관심사나 그들이 물건을 구매한 사이트를 알 수 있어 온라인 마마케팅 할 때 도움을 받을 수 있다.

코로나 19 바이러스로 인해 가장 타격을 받은 업종이 관광업일진데 이들을 위한 데이터도 존재한다. 관광분석 데이터인데, 해당 관광지를 방문하거나 그 주변을 방문했을 경우 그들의 동선과 그들의 소비패턴 등을 알 수 있다. 또한 SNS 분석 데이터가 존재하는데, 이를 통해 SNS 상 고객들의 제품에 대한 긍정, 부정 피드백을 한 눈에 확인 할 수 있고 그들의 선호도를 분석할 수 있다.

《삼국지》에 식자우환(識字憂患)이라는 말이 나온다. 서투르게 아는 것 때문에 일을 망친다는 뜻을 가지고 있다. 소동파의 시에도 "인생은 글자를 알 때부터 우환이 시작된다(人生識字憂患始)"라는 구절도 있다. 너무 많이 알기 때문에 쓸데없는 근심도 그만큼 많이 하게 되는 것, 또는 어줍잖은 지식 때문에 일을 망치는 것을 뜻하는 말로 쓰인다.

아날로그 시대에는 자신의 경험만으로, 자신의 견문 만으로 사업이 가능 했을 것이다. 하지만 디지털 시대에 자신의 지식만으로 사업을 한다는 데에는 분명한 한계가 찾아온다. 오히려 자신의 지식 때문에 그것에 매몰되어 될 일도 그르치게 되는 경우가 생길 수도 있다. 정확한 데이터를 바탕으로 사업을 진행한다는 것. 생소하여 시작이 힘들지 한 번 시작하면 그 끝도 없을 데이터의 매력에 흠뻑 빠질 것이다. 새 술은 새 부대에. 디지털 시대엔 디지털 적인 방식으로 새로운 사업 전개를 하길 기원한다.

베이비붐 세대들에게 처량한 시선 대신 일한 기회를 제공하자

미디어를 통해 비춰진 베이비붐 세대의 인생이란 처량하기 그지없다. 출근한다고 거짓말을 하고는 동네 뒷산에 오르거나, 공사판을 전전하며 하루 일당을 벌어먹고 사는 것으로 나오기도 한다. 베이비 붐 세대란 전후에 태어난 사람을 뜻하며, 나라에 따라 연령대가 다르다. 한국의 경우 1955년에서 1964년 사이에 태어난 약 900만 명이 해당된다. 미국은 1946년부터 1964년까지 태어난 7200만 명이, 일본은 1947년부터 1949년까지 출생한 806만 명이 베이비 붐 세대에 속한다.

이제 사회에서 베이비붐 세대들은 역할을 잃어가고 있으며 설 자리가 줄어들고 있다. 그나마 공무원들은 퇴직 한 퇴직공무원의 축적된 전문성과 경륜을 활용해 행정서비스 사각지대를 없애겠다며 '퇴직공무원 사회 공헌 사업(Know-how+)'을 신설했고, 지난해 규모를 더 확대했다. 하지만 활동기간도 몇 개월에 불과해 미래를 보장 할 수 없을 뿐 더러 공무원이 아닌 베이비붐 세대들은 논의에서 자동 제외된다.

우리나라의 성장의 기틀을 다지고 가장 격동적인 시기를 보내오며 나라를 위해 헌신한 베이비 붐 세대들. 그들의 요즘을 보고 있노라면 마음 깊은 곳에서부터 연민과 쓸쓸함이 올라온다. 등산화와 등산복을 차려 입고 집과 가까운 산에 오르며 하루를 보내는 그들은 흘러가는 세월의 야속함을 하늘에 토로할 뿐 어찌 할 바를 모르고 있다. 그들의 영광스러운 과거와 비교해 그들의 현실은 너무나 외롭고 쓸쓸하며 비참하기까지 하다.

베이비 붐 세대들은 집 안 에서는 부모에게, 밖으로는 국민교육헌장을 외우며 막중한 사명감을 받으며 그렇게 어른이 되어 갔다. 베이비붐 세대의 윗 세대들은 일거리가 없어서 농사나 지으며 살았고, 농사를 못 짓는 이들은 그저 놀 수 밖에 없었다. 하지만 베이비붐 세대들이 어른이 되었을 때 산업이 크게 발전하며 이와 관련한 기업들이 속속 생기기 시작했고, 대학을 졸업한 베이비붐 세대들은 기업에 들어가며 기업이 발전하는데 크게 이바지 했다. 그 덕분에 우리나라는 후진국에서 중진국, 선진국으로 초스피드로 성장했다. 세계에서 유례가 없는 압축 성장을 했다는 이야기다.

한전 세계에서 이렇게 학식이 좋고 경험이 많은 세대를 보유한 나라는 없다. 하지만 이런 세계 최고의 지성인들은 지금 세상으로부터 도태되어 있다. 자신이 회사를 나가지 않으면 자식들이 취직을 못하는 이 시대에서 이들은 때론 불명예스럽게, 때론 자취도 없이, 때론 억울하게 자신의 일터에서 쫓겨나 산으로 내몰리고 있는 것이다.

사회의 쓸쓸함을 집 안에서 달래면 그나마 낫다. 밥 세 끼를 다 챙겨 먹는다는 의미로 '삼식이'이라고 불리지를 않나, 간식이라도 챙겨먹으면 '간나세끼'라고 놀림을 받는다. 더욱이 돈을 버느라 미처 돌보지 못한 자식에게는 무능한 아빠가 되어 있으니 매일 산에 가서 막걸리 타령이나 하는 것이 베이비 붐 세대들의 하루 낙이 된 것이다.

이들이 집 안에서나 사회적으로 이런 취급을 받으면 안 된다. 이들의 능력을 충분히 발휘할 수 있는 제2의 도전을 해야 하고, 그런 기회를 보장받아야 한다. 지금의 대한민국을 있게 한 주역들의 새로운 도전을 위해서는 정부와 기업, 그리고 종교 단체 등이 힘을 합쳐야 한다. 베이비부머 세대들은 국가에서 50년을 키웠고, 최고의 실력과 에너지를 갖추었다. 이들을 애타게 기다리는 저개발국가와 국민들을 위해 대한민국이 그 보답을 전세계에 할 때가 되었다.

미디어에 노출된 청년창업 성공스토리, 당신의 이야기가 될 확률이 희박하다

청년들이 고난의 행군을 이어가고 있다. 불황에 코로나 사태까지 겹친 현재의 상황에 청년들의 취업률은 바닥으로 고꾸라졌고, 연애와 결혼은 생각지도 못하는 세상이 되어가고 있다. 이런 상황에서 취업보다 창업에 눈을 돌리는 대학생들도 있다. 하지만 이는 신중히 결정해야 하는 문제다. 나라에서 지원금을 내주든, 사회 분위기가 창업을 독려하든, 가장 중요한 것은 자신의 의지와 방향 설정이 제대로 되어 있는가 체크하는 일일 것이다.

2018년 기준 청년 창업자 총 2만5,684명중 25%인 6,420명은 신규 창업가였고 12.5%인 3,206명은 폐업한 청년이었다. 또한 교육부와 한국대학교육협의회가 발표한 '2018년 6월 대학정보공시 결과'에 따르면 지난해 학생 창업기업 수는 1천154개로 전년 대비 24.9% 증가했다. 이에 많은 대학교에서는 학생들의 창업 지원을 위해 창업 전담 인력을 늘렸고, 창업지원금 역시 증가시켰다고 언론보도를 내놨다.

이렇듯 학생과 청년들의 창업 증가는 취업난이 원인이다. 사상 최악의 청년 실업률 속에 취업 대신 창업을 택하는 이들이 늘고 있다. 우스갯소리로 부모들이 퇴직해야 자식들이 취직을 할 자리가 난다고 한다. 가정 내 돈을 벌 인력들이 취업난과 고용불안에 시달리니 자연스레 창업으로 눈을 돌리게 되고 있는 것이다.

대학생 창업에는 두 가지 버전이 존재한다. 하나는 전공 계열 창업이고 또 하나는 도피성 창업이다. 자신의 전공 분야에서 도움 받을 이들도 많고 전문 지식이 있는 상황에서 창업을 하는 경우는 성공 확률이 높다. 하지만 '취직이 안되니 창업이나 해볼까?'라는 마음으로 도피성 창업을 하게 되면 10 중 10은 망한다.

필자가 생각하는 창업에 있어서 실패를 덜 하기 위한 5대 요소가 있다. '자본, 아이템, 사람, 타임, 운'이 바로 그것이다. 자본이 없는 대학생이 확고한 지식도 없이 치킨 아이템을 선택해 도와줄 사람도 없는데 급하게 창업을 했다고 한다면, 그 사람이 기댈 곳은 '천운' 밖에 없다. 로또를 사서 다음주에 건물주가 되는 상상을 하는 것과 진배없다.

물론 TV 속에서는 돈이 없는 대학생이 음식점을 내서 대박이 난 경우가 나온다. 이건 정말 특수하게 성공한 예다. 이 예를 불확실한 자신의 미래에 성급하게 대입하면 안 된다. 정부에서 청년에게 지원해주는 것도 사무실 혹은 2천 만원 정도다. 창업에 충분치 않은 자금이다. 창업이 중요한 것이 아니라 창업을 하고 난 후 어떻게 버틸 것인가가 우선시 되야 한다.

창업에도 타이밍이 중요하다. 창업은 타이밍이 맞아서 그때 그 아이템을 해야 한다. 도피성 창업이 바람직하지 않은 또 다른 이유는 열정이 안 생긴다는데 있다. 자신이 좋아하는 분야도 아니고 오로지 돈만 바라보고 하기 때문에 쉽게 지치고 미련이 없어진다. 환경에, 상황에, 시간에 쫓겨 창업을 하게 된다면 당신 인생의 많은 부분을 제한 받으며 살아가야 할지도 모른다.

　지금의 젊은이들은 많은 것을 포기해야 하는 세대다. 연애도, 결혼도, 육아도 포기하며 살아가는 이들이 많다. 특히 그 어느 시기보다 취업이 힘들어진 시대에 어렵게 창업을 결심한 이들이 있다면 두 번, 세 번 심사숙고 하시길. 유행에 휩쓸리지 말고, 무리하지 않으며 자신이 잘 하는 것을 고심하여 창업을 하길 바란다. 고민하지 않은 것에 대한 후회는 오롯이 청년들, 당신들의 몫이 된다.

창업하는 주부들,
승풍파랑(乘風破浪)'의 기운이 깃들길

주부들이 집을 벗어나고 있다. 은퇴연령이 빨라지고, 취업난이 계속되는 이 불경기에 남편과 아들을 대신해 가계살림을 책임지는 여성들이 늘고 있는 것이다. 이에 많은 주부들이 경력단절 여성들이 일을 할 수 있는 곳을 알아보거나 마트나 편의점 파트타임 근무를 원하고 있다. 가정과 일을 양립해야 하니 직장에 긴 시간 할애할 수 없기에 내리는 결정이다. 물론 그 중에는 본격적인 돈벌이를 위해 창업의 길로 들어서는 여성들도 적지 않다. 창업 아이템을 잘만 선택하면 일과 가정 모두를 행복하게 만들 수 있기 때문이다. 물론, 신중하게 잘 선택해야 한다는 전제가 반드시 깔려야 한다.

최근 한국보건사회연구원이 발표한 자료에 따르면 실제로 우리나라 여성의 대학진학률은 남학생 대비 4% 포인트 높은 48.8%를 기록했다. 여성들의 고학력자 비중이 점차 높아지고 있다는 이야기다. 뿐만 아니라 국세청 통계에 따르면 신규 사업자 가운데 여성이 차지하는 비율은 2008

년 43.2%에서 지속적으로 증가해 지난 해 44.8%까지 늘었다. 여성이 대표를 맡고 있는 사업체 또한 2013년 133만 5,591곳으로 전체의 39.%에 달했다. 대한민국에서 사업을 하고 있는 대표 10명 가운데 4명은 여성이며 그 비율이 갈수록 높아지고 있다.

높아지는 여성들의 사회 참여율과 사업 현황과는 달리 사업을 하는 주부들을 보조하는 정책이나 현실은 전혀 녹록하지 않다. 중소기업청의 2015 여성기업 실태조사 결과, '일과 가정 양립에 부담을 느낀다가 44.2%, 남성중심의 비즈니스 관행에 적응하기 어렵다가 39.5%, 여성을 대하는 부정적 선입견이 있다는 25.2%로 나타났다.

그렇다면 창업을 원하는 주부 창업자들은 어떤 창업 아이템을 선택해야 하는 것일까? 필자는 최소한의 금액과 인력으로 운영이 가능한 소자본창업을 추천한다. 우선 혼자서도 매장 운영이 가능해야 한다. 육아와 병행을 해야 하는 주부들이 많다 보니 번거롭거나 전문적인 업무는 주의를 분산시킬 위험이 크다. 문제점은 시간 안배다. 주부들이 풀타임을 소화한다는 것은 어불성설이다. 특히 매장을 얻어 장사를 하려는 이들이라면 더욱 주의해야 한다. 섣불리 매장을 얻기보다 초창기에는 온라인으로 사업을 하는 것이 유리하다.

사실 돈 없이 하기 좋은 것은 영업이다. 인맥 형성된 아주머니들에게 추천하는 사업 방식이다. 방판, 보험, 화장품 판매 등은 큰 자본 없이 할 수 있는 안전한 창업이기도 하다. 거창하게 권리금, 인테리어 비용 넣고 하다 보면 리스크가 생길 수 있다. 주부들은 투자할 돈이 많지 않아야 한다. 말 그대로 집 안 기둥 뿌리 뽑은 돈으로 사업을 하는 주부들은 없어야 한다. 힘들게 모은 여윳돈 혹은 누군가에게 어렵게 부탁해 얻은 돈으로 시작하는 주부들이 많기에 초기 부담금이 많은 아이템은 안 된다. 만약 1억원이 그 가족의 전부라 하면 그 돈의 절반 가까운 돈이 투자 된다고 하면 절대 안 된다.

주부들은 또한 라이프스타일을 변형시키지 않는 아이템을 찾아야 한다. 가령 밤낮이 바뀌는 생활을 해야 한다 던지, 주말에 대목을 맞는 일 등은 주부들의 라이프스타일과는 맞지 않는다. 남들 출근하는 시간에 문을 열고 퇴근 하는 시간에 문을 닫는 사이클의 창업 아이템을 찾는 것을 추천한다.

주부들 중 경력단절여성, 즉 경단녀들이 많은데 이들은 본인이 해오던 것과 본인이 잘하는 것을 복기해 창업을 하는 것이 좋다. 직장 생활하던 이들은 창업에 대한 지식이 있을 리 만무하고, 전문적인 지식이 있더라도 그것을 뒷받침 할 대규모 자금이 부족할 터다. 이에 자신이 일하던 분야에서 창업을 연관시킬 수 있다면 그보다 좋은 것은 없다.

'승풍파랑(乘風破浪)'이라는 사자성어가 있다. '바람을 타고 물결을 헤쳐 나간다'는 뜻으로 뜻한 바를 이루기 위해 온갖 난관을 극복하고 앞으로 나아가는 것을 비유하는 말이다. 우리 곁의 창업을 하는 모든 주부들의 앞 날에 승풍파랑의 정신이 깃들길 기원한다.

고객은 동가홍상(同價紅裳)을 원한다, '포장용기'를 업그레이드 하라

배달비가 올라도 너무 올랐다. 강남 주요 거점의 경우 배달비만 5천원에서 6천원까지 치솟았다. 이에 배달비 부담을 견디지 못한 소비자들이 '탈 배달앱'에 나서고 있다. 배달비가 부담스러워 직접 음식을 포장하려는 움직임이 늘고 있는 가운데, 자영업자들은 포장족을 끌어들이기 위한 포장용기 업그레이드에 온 신경을 집중 할 때다.

지난 5일 데이터 분석 플랫폼 모바일인덱스에 따르면 지난 3월 한 달간 주요 배달앱(배달의민족 · 요기요 · 쿠팡이츠) 3개를 이용한 소비자 수는 안드로이드 기준 2420만3452명으로 집계됐다. 3개월 전인 지난해 12월 2527만3296명보다 107만 명 가량 감소했다.

이는 끝없이 치솟는 배달료 부담에 지친 소비자들이 포장주문을 하기 시작했다는 의미다. 음식값의 10~50%가량을 배달비로 내는 대신 직접 가게로 찾아가는 것이 훨씬 경제적이란 판단이다. 포장을 하면 금전적인 혜택을 주는 업장들도 늘고 있다. 가령 포장주문 시 10% 할인을 해주거나 카페의 경우 텀블러 등 개인 컵을 가져가면 할인 서비스를 해주고 있다.

동가홍상(同價紅裳)이라는 고사성어가 있다. 같은 값이면 다홍치마라는 뜻으로, 값이 같거나 똑같은 노력을 들인다면 더 좋은 것을 가진다는 뜻이다. 맛의 차이 없이 그리고 먹기에 불편함이 없이 깔끔한 용기에 정갈히 음식을 포장해 준다면 배달비에 지친 고객의 마음을 사로잡을 공산이 크다.

식당을 하는 업주라면 고객의 입장에서 한번 생각을 해봐야 한다. 고객들이 포장을 해 먹는 어쩔 수 없는 이유들이 있다는 것을 반드시 기억해야 한다. 코로나의 위험 때문 일수도 있고, 거동이 불편한 부모님 때문에 함께 매장에 찾아오지 못할 수도 있고, 멀리서 드시고 싶은 고객이 있는데 거리 때문에 못 드실 수도 있다. 주차장이 협소해 차를 가지고 오는 손님을 받지 못할 때도 있다. 고객이 혼자라서 매장에서 먹는 것이 쑥스러울 수도 있다. 그 모든 손님들의 사정을 위로해주고 배려해 줄 실용적이고 감각적인 포장용기가 매장의 특급 무기가 될 수 있다.

약 15여 년 전 우리나라에 찜닭 열풍이 불 때 그 열풍에 한몫 했던 것이 바로 포장 용기다. 옆면이 올록볼록하고 국물이 들어갈 수 있게 깊이 있는 하얀 용기로 제작한 포장용기로 인해 찜닭은 국민 음식이 됐었다. 현재는 찜닭의 위용이 조금 시들해 진 감이 있지만, 그때의 포장용기는 아직도 남아 수많은 음식점의 국물 요리를 포장 할 수 있게끔 도와주고 있다.

덧붙여 배달을 전문적으로 하는 매장 역시 자신의 약점을 보완 해 고객들을 끌어들일 수 있는 부분에 대해 매일 고민해야 한다. 고객들이 배달 전문 음식점에 갖는 선입견 중 가장 큰 부분이 바로 위생이다. 어떤 시설에서 어떤 행태로 만들어 지는지 도통 알 수 없으니 불안 할 수밖에. 이들에게도 한 가지 조언을 해주자면, 주방에 CCTV를 설치해 주방장이 직접 요리하는 모습과 주방 위생 상태를 생중계로 유튜브로 중계하는 것이다. 배달 전단지나 어플에 유튜브 주소를 기재해놓고 고객들이 직접 요리를 하는 모습과 주방 상태를 볼 수 있게 하는 것이다. 고객이 주문을 함과 동시에 유튜브를 조회해 자신의 음식을 조리하는 전 과정을 볼 수 있게 한다면 위생에 대한 불신은 사라질 것이다. 물론, 주방 위생 상태와 요리 모습에 자신이 있다면 말이다.

일상 회복 대한민국,
배달비도 일상 회복 가능할까

오늘부터 코로나19 이전의 일상으로 돌아간다. 거리두기가 해체되며 그간 코로나19 위주로 돌아가던 우리네 일상이 변화를 맞이했다. 사람들이 거리로 나오기 시작하며 경제가 회복 될 것 이란 전망도 나오고 있다. 하지만 가장 큰 변화를 맞이하게 될 것은 외식 형태의 변화다. 코로나19로 득세했던 배달 시장이 위축될 조짐을 보이고 있다. 그간 배달비 논쟁이 끊이지 않았는데, 을의 입장이던 소비자들이 주체적인 갑이 되어 배달비와 정면으로 맞설 수 있게 됐다.

정부는 중앙재난안전대책본부 회의에서 영업시간, 사적모임, 행사·집회 등에 관한 거리두기 조치를 모두 해제한다고 발표했다. 이에 따라 직장이나 동호회 등에서는 대규모 회식이 가능해진다. 예비부부들도 청첩장을 돌리거나 상견례를 할 때, 또 결혼식을 올릴 때도 인원 제한을 받지 않게 됐다. 식당·카페뿐 아니라 유흥시설, 노래연습장, 목욕장업, 헬스장 등도 업장에 따라 새벽까지 이용할 수 있다. 또한 최대 299명 규모로만 가능했던 행사 · 집회도 인원 제한 없이 개최할 수 있다. 300명 이상 대규모 공연이나 스포츠대회 등에 적용됐던 관계부처의 사전 승인 절차도 사라지며, 수 만 명 규모의 대형 콘서트도 열릴 수 있게 된다.

이렇게 점차 일상의 회복이 가시권에 들어온 만큼 외식형태 역시 일상으로 복귀할 것이다. 그간 거리두기 여파로 배달을 시켜먹는 경우가 많았었는데, 이제 배달 수요가 극단적으로 줄어들 가능성이 있다. 사실 올해초 쿠팡이츠와 배달의민족이 잇따라 단건 배달료 정책을 변경하면서 소상공인과 갈등이 격화되고 있었다. '아프니까 사장이다' 등 온라인 커뮤니티에서는 연일 배민을 성토하고 있고 배달수수료 인상 논란에 소비자 혼란도 가중되고 있던 상황이다.

실제로 지난해까지만 해도 집근처에서 2000~3000원을 부담하고 주문할 수 있었던 배달비 부담이 최근 4000~5000원으로 껑충 뛴 곳이 부지기수다. 또한 예전에는 도보 10분 이내 거리는 무료인 경우도 많았는데 최근에는 3000원을 받는 곳도 많아졌다.

이는 배달 대행업체가 배달비를 일제히 인상했기 때문이다. 또한 거리 단위로 과금 방식 변경도 소비자 체감에 영향을 주고 있다. 하지만 업장 주인이 배달비 부담액을 결정하기 때문에 반드시 거리에만 비례해서 책정되는 것도 아니다. 업계에서는 배달비 고공행진의 이유를 석유값 인상과 라이더 품귀 현상에서 찾는다. 때문에 높은 배달비에 대한 거부감이 수요 감소로 이어지면 자연히 인하될 것이라고 예상한다.

우리의 일상이 어렵게 찾아왔다. 그렇다면 배달비 역시 일상의 때로 돌아와야 한다. 그간 코로나19 시대에 막대한 수익을 가져간 유일한 업종이 바로 배달 대행 산업이다. 한국이 예전부터 배달 서비스로 정평이 나

있는 국가였기 하지만 그때는 배달비의 개념이 없었던 때다. 중국집에서 배달을 시키는데 누가 배달비를 따로 주고 먹었었는가. 요즘엔 당연하다는 듯이 배달비를 부과하고 있지만 말이다.

　소비자들의 수요가 줄어들면 자연스레 배달비는 내려갈 것이다. 배달업체끼리의 가격인하 경쟁도 치열해 질 것이다. 물론 기름값 인상 및 안전비용 등 배달 라이더의 고충 해결을 위해 가격인하의 상한선은 존재해야 한다. 대한민국의 배달비 논쟁, 이제 끝이 보이는 듯 하다.

상전벽해(桑田碧海)의 시대, 푸드테크가 인류를 지속시킨다

푸드테크가 주목 받는 이유는 '의식주', 즉 인간이 생활하기 위한 기본에 해당하기 때문이다. 기존에도 농업이나 유통, 음식 배달이 없었던 것은 아니지만 이 시장에 혁신을 요구해야 할 부분이 많다. 지난 2015년 기준으로 전 세계 인구는 73억 명 가량이다. 하지만 2050년이 되면 90억, 2100년이면 112억을 넘어설 전망이다. 기존 농업 시스템으로 지탱할 수 있는 인구수를 100억 정도로 추산한다는 점을 감안하면 더 그렇다. 이것이야말로 푸드테크 기술이 더욱 발전해야 하는 이유다.

전 세계가 지구 온난화 같은 이상 기후를 겪으면서 이산화탄소 농도는 2015년 전 세계 평균 400ppm을 넘어선 상태다. 현재 농축업 시스템은 효율성과 기후 변화에 대응하기가 쉽지 않다. 예를 들어 가축을 키우는 땅덩어리는 이미 3,300만㎢로 아프리카 대륙 크기만 한 수준에 이른다. 지구 전체 지표면 가운데 무려 25%가 가축을 사육하는 땅으로 쓰이고 있다는 얘기다.

또 전 세계 곳곳에서 물 부족을 호소하지만, 소고기 1kg을 얻으려면 물 1만 5,000리터가 필요하다. 그 중에서도 소를 사육하는 데 들어가는 비용은 다른 동물보다 공간은 28배, 물은 11배가 필요하다고 한다. 이런 문제 탓에 오는 2050년이 되면 1인당 1일 섭취 에너지가 99kcal 감소할 것이라는 전망도 나온다. 채소나 과일은 14.9g, 육류는 0.5g 줄어들고 과일 생산량도 4% 이상 줄어들 것이라는 얘기다. 관련 질병 사망자만 해도 50만 명으로 추정된다. 이제 식량문제에 대한 근원적 접근이 필요하다.

가장 주목 받는 기술을 접목한 음식으로는 인공고기를 들 수 있다. 멤피스 미트(Memphis Meats)와 같은 기업은 고기 세포를 배양해 인공고기를 생산한다. 동물 개체에서 줄기세포를 채취해서 배양해 실제로 먹을 수 있는 고기로 성장시키는 것이다. 줄기세포에 영양분이나 미네랄, 당분 같은 성장 필수요소를 공급해 육류를 만든다. 물론 아직까지는 생산비용이 많이 들지만 전문가들은 2020년 이후 실용화 단계가 되면 가격은 낮아질 수 있다고 보고 있다.

유통에서는 이미 활발한 기술혁신이 진행 중이다. 아마존 프레시(AmazonFresh)는 아마존이 지난 2007년 시작한 서비스다. 야채나 육류 같은 신선식품이나 가공식품 등을 고객에게 배송 해 주는 것이다. 아마존은 시애틀에 한정했던 이 서비스를 2016년 영국 런던, 2017년 일본 도쿄로 확대했다. 물론 이미 대형마트나 편의점을 중심으로 신선식 품이나 일용품 배송 서비스도 등장했지만 아마존드(Amazon'd)라는 말이 상징하듯 온라인과 오프라인을 융합하려는, 그러니까 온라인에서의 힘을 오프라인으로 확장하는 아마존의 기세는 멈출 줄 모른다.

플라스틱 대체 시장에서도 푸드테크 기술은 활발히 진보 중이다. 에보

웨어는 먹을 수 있는 컵과 포장지를 개발했다. 먹을 수 있는 컵 '엘로젤로(Ello Jello)'와 각종 포장지로 사용될 수 있는 '바이오 플라스틱(Bio Plastic)'은 둘 다 먹을 수 있으며 버려도 자연 분해가 되기 때문에 매우 친환경적이다.

에보웨어 제품은 미역, 다시마 같은 해조류에 전분을 섞어 만들었다. 해조류는 가열하면 젤라틴처럼 끈적끈적한 액체로 변해 다양한 모양으로 성형하기가 쉽고 다시 굳으면 따뜻한 물을 넣어도 쉽게 모양이 변형되지 않는 특성이 있다. 무엇보다 해조류에는 아미노산, 불포화지방산, 식이섬유, 미네랄 등이 다량 함유되어 있어 성인병 예방에도 아주 좋은 식품으로도 잘 알려져 있다.

상전벽해(桑田碧海)라는 말이 있다. 이는 뽕밭이 바다가 되는 것처럼 세상이 확 바뀌는 것을 뜻한다. 푸드테크 기술은 이미 우리 생활 속 깊은 곳까지 들어왔다. 비단 우리가 사는 지금이 아니라 먼 미래의 존속을 생각한다면 푸드테크 기술은 지금보다 더욱 진보해야 한다.

비대면 진료의 치명적 약점 '편리함', 인순고식(因循姑息)의 우를 범하지 말라

거리두기가 해제됐다. 몸과 마음을 갑갑하게 감쌌던 마스크마저 실외 허용이 됐으니 온 국민이 일상으로의 복귀를 서두르는 느낌이다. 지난 2년 간 코로나 바이러스는 우리의 일상을 많은 부분 바꾸어 놓았다. 특히 비대면이 일상화 됐는데, 의료부분에서도 비대면이 각광받으며 많은 이들이 이용 중이다. 하지만 아직까지 비대면 진료는 환자에게 있어 치명적인 약점을 보유하고 있는 시스템이다. 이를 보완하지 않으면 비대면 진료에 대한 사람들의 의심이 커져가 종국에는 서비스 자체의 존폐까지 생각해야 할 수 있다.

코로나19로 비대면 진료가 한시적으로 허용되면서 관련 플랫폼을 운영하는 스타트업들이 고공성장하고 있다. 지난 2020년 2월 비대면 진료가 일시적으로 허용된 이후 2년간 400만 건 이상 진행된 것으로 파악됐다. 업계에 따르면 현재 국내에서 비대면 진료 서비스를 제공하는 플랫폼은 20여 곳에 달한다. 보건복지부 통계를 보면 코로나19가 확산하면서 한시적 비대면 진료가 허용된 지난 2020년 2월 이후 지난달까지 약 2년 간 누적 443만 여명의 환자들이 비대면 진료를 이용했다.

사실 가벼운 증상이나 정기적으로 약을 타야 하는 환자들 입장에서 비대면 진료 서비스만큼 편리한 것도 없다. 병원까지 왔다갔다하는 시간과 북적 이는 인파 속에서 자신의 차례를 기다려야 하는 수고로움이 필요 없고, 약까지 배송해주는 시스템이 있다 보니 이보다 편할 수는 없다. 하지만 이 편리함 속에 도사리고 있는 위험성이 있다. 필자의 지인이 겪은 실화다.

평소 고지혈증을 앓고 있던 지인은 정기적으로 고지혈증 약을 처방 받기 위해 비대면 서비스를 이용했다. 한 번 사용을 하다 보니 그 편리함에 중독 돼 6개월 간 지속적으로 이용했다. 건강검진을 따로 받지 않은 상태에서 같은 약을 6개월 간 복용한 것인데, 이후 지인에게 신체적인 변화가 감지됐다. 눈이 침침하고 소변을 보러 가는 횟수가 늘어난 것. 더욱이 갈증도 심해져서 검색을 해보니 전형적인 당뇨 증상이었다.

지인은 즉시 건강검진을 받게 되었고 결과는 놀랍게도 당화혈색소 수치가 14를 넘어가 있던 것. 이는 정상수치의 2배를 훌쩍 넘는 것으로 당장 인슐린 치료가 시급한 수치다. 하지만 지인은 자신의 생활습관에 변화가 없는데 당뇨가 발병됐다는 것에 의심을 품고 의사에게 당장의 치료보다 자신이 먹고 있는 약에 대한 자문을 구했다. 결국 의사에게 돌아온 답은 지인이 먹고 있던 약의 치명적 부작용 중에 하나가 '치료를 요할 수 있는 당뇨가 발병 될 수 있다'는 것이었다. 이에 지인은 약을 즉시 끊었고, 4개월이 지난 현재 당화혈색소 수치가 6으로 내려갔다.

이와 같은 사실에서 알 수 있는 비대면 진료의 치명적인 약점은 두 가지다. 하나는 의사가 비대면 진료이다 보니 환자의 문진을 정확하고 세심하게 할 수 없다는 것. 또 하나는 환자의 방심을 초래해 약의 부작용을 모르고 지나치게 만들어 더 큰 병을 불러올 수 있게 한다는 것이다. 지인의 말에 따르면 비대면 진료 시 전화로 문진을 받게 되는데, 어떤 약을 먹고 있는지에 대한 물음과 요즘 불편한 점은 없냐는 간단한 물음 뒤에 약에 대한 처방이 손쉽게 이뤄졌다. 이 과정에서 약의 부작용에 대한 설명은 전혀 이뤄지지 않았다. 또한 지인 역시 단지 편리하다는 이유 하나만으로 자신의 증세를 면밀히 관찰하지 않은 채 약을 관습적으로 먹었고, 병원에서 이뤄지는 혈압, 혈액검사 등도 장기간 안받게 된 것이다.

편리함은 중독이다. 인순고식(因循姑息)이라는 사자성어가 있다. 할머니나 아이의 뜻을 따른다는 말이다. 관습이나 폐단을 벗어나지 못하고 당장의 편안함을 취한다면 그 끝이 좋을 리 없다. 비대면 진료의 시대. 편리함에 속아 건강을 더욱 해칠 수 있는 치명적 약점을 하루빨리 극복하는 것이 새 시대로 가는 지름길이 될 것이다.

메인보다 반찬에 신경 쓰지 말라, 객반위주(客反爲主)의 교훈

드라마를 보면 주연을 능가하는 존재감의 조연을 종종 본다. 이른바 신 스틸러라고 하는 이들인데, 이들은 적은 분량에도 시청자들의 시선을 사로잡으며 뇌리에 자신의 존재를 각인시킨다. 외식업을 하는 이들 중에도 종종 주연을 위협하는 조연을 보유한 업체들을 볼 수 있다. 메인 메뉴보다 반찬이 더 유명해 그 반찬을 먹으러 오는 이들이 있는 외식업체도 더러 있다. 하지만 이는 가게 매출 상으로는 좋을지 모르지만 종국에는 배보다 배꼽이 더 커지는 형태가 되어 그 피해가 소비자에게 돌아갈 수도 있다.

외식업체의 주 메뉴가 있으면 그 보조가 반찬인데, 반찬이 좋아야만 손님이 온다는 착각을 하는 창업자들이 있다. 물론 주 메뉴를 보조하는 서브를 색다르게 하는 해 차별성을 가져가는 것은 대 찬성이다. 하지만 반찬이 메인 메뉴보다 손이 많이 간다면 부적합한 반찬 선택이라 할 수 있다. 대규모로 많이 생산되는 반찬이라면 상관이 없겠지만 손은 많이 가는데 한번에 만들 수 있는 양이 한정적이어서 인력과 시간 낭비가 된다면 한번쯤 생각해봐야 한다.

필자가 자주 가는 백반 집에서도 이러한 경우가 있었다. 3인 이상 식사 시 계란말이를 서비스로 준다고 하는 집이었는데, 계란말이의 크기가 엄청나서 그것만으로도 밥 한 공기를 다 먹을 정도였다. 맛 또한 좋아서 그 식당에 갈라고 하면 무조건 3인 이상 맞춰서 입장을 하려고 했었다. 하지만 할머니 혼자 운영하는 식당에서 오는 테이블 마다 크기가 엄청난 계란말이를 내려니 이런 저런 문제가 발생하기 시작했다.

메인 메뉴와 함께 밥을 다 먹어가는데 뒤늦게 계란말이가 나와 손님이 난감해하는 경우, 밥을 다 먹을 때까지 계란말이가 안 나오는 경우가 자주 생기다 보니 신스틸러의 존재감은 악평으로 바뀌기 시작했다. 계란말이 때문에 오던 손님들은 계란말이 때문에 욕을 하기 시작했다. 결국 식당의 평판은 점점 떨어져갔고 결국 계란말이 서비스는 없어졌다. 하지만 이미 식당에 발길을 끊은 손님이 많아진 이후였다.

객반위주(客反爲主)라는 말이 있다. 손님이 도리어 주인 노릇을 한다는 뜻으로, 부차적인 것을 주된 것보다 오히려 더 중요하게 여김을 이르는 말이다. 장사를 하다 보면 오로지 눈높이를 손님에게 맞추려 무리를 하는 경우가 생긴다. 자신의 컨디션이나 상황을 고려치 않고 손님의 무조건적인 만족을 위해 가게를 운영 하다 보면 도리어 바로 그 노력때문에 손님이 발길을 끊을 가능성이 존재한다. 고생이란 고생은 다하고 손님은 끊긴다면 이보다 더 억울한 일이 어디 있겠는가. 본질에 집중하자. 손님께 내어드릴 음식에 정성을 쏟되 자신이 감당할만한 운영을 하자. 자신이 지쳐서, 속도에 못 이긴다면 과감히 가게 운영 법을 바꿔야 한다. 손님도 중요하지만 주인 자신도 중요하다는 사실을 명심하길 바란다.

ESG 경영은 거창 한 것이 아니다, '삼슬식체(三蝨食彘)'의 교훈

요즘 사업을 하려는 이들이 꼭 기억해야 할 단어가 있다. 바로 'ESG'이다. ESG는 '환경(Environment)·사회(Social)·지배구조(Governance)'의 영어 알파벳의 첫 글자를 딴 용어다. 이젠 돈만 좇아 사업을 하는 시대가 아니다. 돈을 넘어 현재와 미래가 공생할 수 있는 사업을 펼쳐야 한다. 사업체가 크지 않더라도 자신이 할 수 있는 만큼 노력을 한다면 그 역시 참된 ESG 경영이라 할 수 있다.

이미 전 세계 소비자들은 ESG 활동을 하는 기업에 더 돈을 쓰겠다는 생각을 하고 있다. 2022년 1월 세계프랜차이즈협회에서 발표한 자료를 보면 환경을 보호하는 제품으로 구매를 변경하겠다는 소비자가 2018년 48%에서 2019년에는 73%으로 증가했다. 또한 소비자 중 70%는 35% 정도 더 많은 비용을 지불하더라도 친환경제품을 구매하겠다는 결과도 나왔다.

비단 소비자 뿐 아니다. 투자자 관점에서도 20~41세에 해당하는 투자자 중 90%가 투자 결정 시 ESG 항목을 보겠다고 했다. 이제는 재무적인 요소 뿐 아니라 비재무적인 요소들까지 투자 시 검토하겠다는 의미다. 상황이 이렇다 보니 정부에서도 지난 2021년 12월 'K-ESG 가이드라인'을 제작, 배포해 대기업뿐만 아니라 중견, 중소기업도 적용할 수 있도록 했다.

외식업에서는 현재 프랜차이즈 위주로 ESG 경영이 활발히 진행 중이다. 대형 커피 프랜차이즈 중 하나는 '노(No)플라스틱'을 선언하면서 ESG 경영을 적극 실천하고 있다. 사무실 내에서 일회용 컵을 전혀 사용하지 않고 있으며, 1인 1텀블러 사용을 실천하는 등 환경부와 자발적 협약을 맺고 일회용품 줄이기에 적극적으로 동참하고 있다. 노 플라스틱 캠페인은 현재 대형 외식 프랜차이즈 기업에서는 공공연하게 벌어지고 있는 대표적인 ESG 경영 사례다. 특히 플라스틱 빨대와 일회용 컵을 소비자에게 제공하지 않는 것은 외식업 전반에 걸쳐 펼쳐지고 있다.

프랜차이즈 뿐 아니라 자신의 점포를 가지고 있는 소상공인들도 ESG 경영을 할 수 있다. 친환경재료 사용하기, 일회용품 제공하지 않기 등 작은 부분에서부터 바꾸는 것이야말로 ESG 경영의 핵심이다. 실제로 소상공인 중 포장을 할 때 플라스틱 용기를 안 쓰고 집에서 쓰는 냄비를 가져오면 금액을 할인하는 캠페인을 진행 중이기도 하다. 자신이 외식 사업을 준비하고 있다면 ESG 경영을 염두에 두고 사업을 펼친다면 소비자들의 선택을 받을 가능성이 커질 수 있다.

한비자가 춘추전국시대(春秋戰國時代)에 유행하던 이야기를 모은 책인 『설림(說林)』에 삼슬식체(三蝨食彘)라는 이야기가 있다. 세 마리 이가 돼지를 먹는다는 뜻으로, 앞으로 닥칠 큰일을 생각지 않고 작은 것에 매달려 싸운다는 말이다. "해충인 이(蝨) 세 마리가 다투고 있었다. 지나가던 이가 물었다. '무엇 때문에 다투나요?' 그랬더니 이 세 마리가 '서로 살찐 곳을 차지하려고 싸운다'고 대답했다. 지나가던 이는 '사람들이 제사를 지내는 섣달이 되면 불을 피워 돼지를 구울 것이니 너희들도 그을려 죽게 될 것을 걱정해야지, 그까짓 살찐 고기가 무슨 문제냐하고 꾸짖었다. 이 말을 들은 이 세 마리는 제사 때 살찐 돼지를 불에 구우면 자신들도 같이 죽는다는 것을 깨닫고, 함께 모여서 돼지를 물어뜯고 피를 빨아 여위게 했다. 사람들은 야윈 돼지를 상에 올릴 수 없다고 하여 바로 죽이지 않아 함께 살아나게 되었다는 얘기다.

자원의 고갈, 상생에 관한 이슈는 현재뿐 아니라 미래와 연결되어 있는 이야기다. 현재만을 생각해 공멸을 자초하는 어리석은 짓을 하지 말고 미래를 위해 공존할 생각을 해야 한다. ESG 경영은 거창한 것이 아니다. 현재가 아닌 미래를 염두에 두고 작은 부분부터 바꿔나가는 것, 그것만으로도 충분하다.

'내 말만 맞다'는 수석침류(漱石枕流), 누군가는 '치킨게임'을 끝내야 한다

'치킨값 3만원'이 연일 포털 사이트에 오르내리고 있다. 치킨은 서민들이 부담 없이 즐길 수 있는 대표적인 외식메뉴다. 남녀노소 누구나 좋아하고 다양한 양념과 어우러져 취향에 맞게 즐길 수 있다. 하지만 지금 온오프라인을 망라해 치킨 가격으로 공방이 벌어지고 있다. 프랜차이즈 회장의 검은 속내 일 것이냐 가맹점주의 노고와 물가인상률을 반영한 합리적인 발언일 것이냐. 그 누구의 손도 편하게 들어줄 수 없는, 그야말로 '치킨게임(2명의 운전자가 각각 마주보고 서로를 향해 돌진하면서 '계속 돌진할 것인가' 아니면 '핸들을 돌릴 것인가'를 결정하는 게임)'이 벌어지고 있다.

치킨값 3만원 논쟁은 유명 프랜차이즈 본사 회장이 한 말 때문에 불거졌다. 라디오에 출연한 회장이 치킨값은 3만원 정도 돼야 한다고 발언한 것이 일파만파 커진 것이다. 회장의 말이 논란이 되자 해당 프랜차이즈는 치킨이 만들어 지는 과정에서 가맹점주의 노력과 수고가 정말 많이 들어가는 데 현재 가격 구조에서는 그런 부분이 반영되지 않아 소상공인을 고려한 발언이라고 해명을 한 바 있다.

이런 가운데 각 대형마트에서 일제히 저가 치킨을 내놓아 회장 발언의 대항마로 나섰다. 홈플러스가 '당당치킨'이라는 제품명으로 당일제조 당일판매를 내세우며 지난 6월부터 판매를 시작, 약 두 달간 26만마리를 판매할 정도로 인기를 끌고 있다. 이마트도 '5분 치킨'이라는 제품명으로 9000원 후반대로 저가 치킨 판매를 시작했고, 롯데마트가 '뉴 한통 가득 치킨'을 9000원대로 판매하기 시작했다.

상황이 이렇게 되니 소비자들은 가격이 싼 치킨이 나왔다고 좋아만 하는 것이 아니라 치킨 프랜차이즈를 싸잡아 매도하고 있는 상황에까지 이르렀다. 프랜차이즈 치킨을 왜 먹느냐는 조롱까지 온라인 상에서 심심찮게 보이고 있다. 치킨값 3만원 시대에 만원도 안 되는 가격으로 치킨을 먹을 수 있는데 왜 프랜차이즈 치킨을 먹냐는 것이다.

일부 이런 속내를 가진 소비자들의 입장을 이해 못하는 것은 아니다. 치킨을 이리 싸게 먹을 수 있었는데 그 동안 비싸게 사먹은 것 같은 의심이 들 수밖에 없다. 하지만 프랜차이즈 가맹점들의 입장도 헤아려 볼 수 있는 지혜가 필요하다. 점점 비싸지는 임대료, 인건비, 재료비 등을 감당하기 위해서는 어느 정도의 금액 이상을 소비자들에게 받아야 한다. 그들에게 한 마리 치킨에 만원을 받으라는 것은 장사를 하지 말라는 것과 진배없다.

현재 마트에서 파는 치킨이 미끼상품이라는 주장이 허다하다. 예를 들어 한 대형마트는 치킨 판매 시간이 오후 3~4시이고 1인당 한 마리로 구매를 제한하고 있다. 또한 두마리치킨은 마트 회원들에게만 15990원의 가격을 9900원에 할인 판매하고 있다. 저렴한 가격의 치킨을 구매하기 위해선 마트 회원가입을 반드시 해야만 한다. 자사 회원과 소비자의 발길을 늘리기 위한 마케팅 의도가 다분히 보인다.

치킨 3만원 논쟁, 이 치킨게임으로 인해 현재 치킨전문점을 운영하는 소상공인들은 졸지에 바가지요금을 받는 악덕 상인으로 치부되고 있다. 소비자가 단순히 가격 비교를 통해 치킨 프랜차이즈의 가격을 폭리로 규정하는 것은 옳지 않다. 소비자들의 합리적인 외식 소비와 치킨 전문 가맹점주들의 억울한 오해를 풀기 위해 그 누군가는 나서야 한다. 서로의 주장만 맞다고 말만 오가는 이 상황은 치킨게임을 더러운 끝으로 이끌 뿐이다. 옛 고사성어에 수석침류(漱石枕流)라는 말이 있다. 돌로 양치질하고 흐르는 물을 베개로 삼는다는 뜻으로 남에게 지기 싫어서 좀처럼 체념을 안하고 억지가 세다는 의미다. 우리 모두 수석침류의 우를 범하지 말아야 할 것이다.

'코로나 19는 아직 끝나지 않았다', 답을 찾기 위한 인류의 노력은 이어져야 한다

잔불이 꺼지지 않고 남아 크게 번지고 있다. 현재의 코로나 19 확산세를 비유하자면 이렇다. 전 세계인들은 백신 개발이 코로나 19의 공포에서 벗어나게 해 줄 것이라 굳게 믿고 있었다. 확실히 백신 접종이 늘어갈수록 코로나 19 발병율도 낮아지며 끝내는 인류의 승리로 끝나는가 싶었다. 하지만 그것은 섣부른 믿음이었다. 코로나19 초기 그 누군가가 말했듯이 우리는 코로나 이후의 시대를 준비해야 한다. 긴장의 끈을 다시 놓치지 말고 인류는 이 악질적인 바이러스로 인해 발생할 미래의 무수한 일들에 대해 미리 예측하고 대비하여야 한다.

WBCSD가 발간한 보고서 'Vision 2050 issue brief on the Macrotrends and Disruptions shaping 2020−2030'를 살펴보면 코로나 19로 인해 일어날 일들에 대한 개략적 내용이 담겨 있다. 전체적인 보고서 내용은 경고성 메시지가 다분하다. 향후 다수의 문제들에 대한 정부적 노력과 민간적 노력이 합쳐지지 않으면 코로나 19의 부정적 영향력이 전 사회를 물

들일 것이라는 경고다.

그 내용을 공유해보자면 우선 소득과 분배의 불평등이 일어날 것이라는 게 첫째다. 현재 소득분위 최하위에 위치한 사람들은 코로나19로 인해 가장 심한 경제적 타격을 받고 있다. 이들이 제때 적절한 의료 서비스를 받을 가능성은 매우 낮다. 대부분은 일을 그만두게 되었을 때, 본인과 주변 사람들의 생계를 책임질 형편이 되지 않는다. 코로나19는 단기적으로는 부유층의 부를 감소시켜 불평등을 완화하는 효과가 있지만, 이는 단기적인 효과에 불과하다. 코로나19는 장기적으로 국가 내, 국가 간 불평등 수준을 증가시킬 것이며, 이 과정에서 향후 정부의 정책적 대응 방향이 주요 변수로 작용할 것이다.

청년층의 부정적인 경제적 영향도 보고서에 담겨 있다. 팬데믹으로 인해 가장 건강을 위협받는 세대는 노년층이지만, 장기적이고 부정적인 경제적 영향은 청년층이 받게 될 것이라는 이야기다. 특히, 2020년대 초기에 처음 노동시장에 진입하기를 희망하는 청년층에게는 매우 불리한 상황일 것이다. 대부분이 일자리를 찾기 위해 고군분투하게 될 것이며, 경기 침체기 동안 나이가 듦에 따라 그들의 수입은 장기적인 타격을 입을 것이다. 2007년~2008년 금융위기 여파가 수많은 밀레니얼 세대들에 영향을 미친 것과 같이, 코로나19도 향후 수년간 Z세대의 세계관에 막대한 영향력을 행사할 것이다.

민족주의와 세계화에 대한 이슈도 눈 여겨 볼 만 하다. 전 세계 코로나19에 대한 초기 대응은 많은 국가에서 민족주의의 강화와 다자주의의 약화로 나타났다. 수 많은 국가들이 일방적으로 국경을 폐쇄하고 의약용품의 수출을 금지했다. 세계적 위기는 유로존(Eurozone)과 유럽연합(EU) 국가들 간 이미 약화된 관계에 압박을 가하고 있다. 미국과 중국 사이의 긴장 고조는 물론, 다른 주요한 무역 관계도 악화시켰다. 국제사회의 지원 부족으로 인해 많은 빈곤국들이 절망적인 상황에 처하게 되었으나, 팬데믹과 그에 따른 결과를 해결하기 위한 효과적인 다자간 조정과 협력의 조짐은 아직 나타나지 않았다. 정부가 민족주의적 고립보다 세계적, 또는 적어도 지역적 연대를 선택할 가능성은 있지만, 현재로서는 특별히 나타나고 있지 않다.

이같은 코로나19의 영향력 예측을 보고 있노라니 코로나19는 사회의 양극화와 불안정성을 심화시킬 위험이 있는 것이 분명하다. 하지만 역으로 생각을 해보자면 코로나19는 수많은 지역에서 지역사회를 하나로 모으고, 연대와 상호책임 정신을 높이고 있다. 영화 인터스텔라의 명대사가 불현듯 떠오른다. 지구의 사막화로 인해 다른 행성을 찾아야 했던, 어쩌면 지금의 우리보다 더욱 열악한 환경 속에 있는 그들은 이 말을 항상 되뇌고 있었다. 지금 우리에게 가장 필요한 위로이자 다짐인 그 말을 한번쯤 생각해 볼 필요가 있을 것이다. '우린 답을 찾을 것이다. 언제나 그랬듯이'

반드시 지켜야 하는 약속 '계포일낙(季布一諾)', 식당 주인과 고객 간에도 계약이 존재한다

인생은 계약의 연속이다. 세상엔 계약서를 앞에 두고 서로의 도장을 찍어야 하는 계약이 있는 반면, 암묵적으로 사회적 합의를 이룬 무수한 계약이 존재한다. 물론 계약서를 찍는 계약은 법적인 보호를 받지만, 사회의 합의에 의한 계약은 서로의 도덕성과 청렴함, 그리고 예절에 비춰 시행한다. 자식이 부모에게 행하는 효도 역시 그런 계약 일 것이며, 친구간 의리 역시 그런 계약을 바탕에 둔다. 외식업에서도 이런 계약이 존재한다. 바로 식당 주인과 고객 간 계약이다. 서로가 계약서를 쓰진 않았지만 반드시 지켜져야 할 계약 같은 사항들. 이를 안 지킨다고 해서 법적인 처벌을 받는 것은 아니지만 외식 창업자 입장에서 고객의 발길을 끊게 할 수 있는 악수로 충분히 작용할 수 있다.

그렇다면 식당 주인과 고객 간에는 어떤 계약들이 오가는 것일까. 우선 고객은 가게에 들어와 합당한 비용을 지불하며 음식을 먹어야 한다. 주인을 하대해서도 안되며 이용하는 동안 최대한 청결하게 식당을 이용해야 한다. 주인의 경우는 더욱 더 지켜야 할 사항들이 많다.

우선 영업시간을 철저히 준수하여 고객의 신뢰를 잃지 말아야 한다. 고객들은 그 식당 영업시간을 인지하고, 그 시간 내에 황금 같은 시간을 내어서 방문해주는것이다. 절대로 헛걸음을 하지 않도록 해야 하는 게 식당 운영자가 고객과 지켜야 할 암묵적인 계약 중 하나다. 비단 영업 시간뿐 아니라 휴무일, 브레이크 타임 등도 마찬가지다.

똑 같은 품질의 음식이 고객에게 제공되어야 한다. 개인식당이라고 하더라도 하루 걸러 맛이 달라진다면 이는 고객과의 신뢰를 져버리는 일이다. 프랜차이즈의 장점이 무엇 인가. 전국 어디 지점을 가더라도 일정한 품질의 음식을 제공 받을 수 있다는 것이다. 이를 개인 식당을 운영하는 주인 역시 잘 숙지 하여 동일한 품질로 고객에게 음식이 제공될 수 있도록 노력해야 한다.

하물며 반찬 가지 수도 손님 차별 없이 내어야 한다. 친한 손님이 온다면, 해당 시간에 그 테이블 뿐 이라면 그 어떤 반찬을 내어주어도 괜찮다. 하지만 다른 손님들이 있는데 반찬을 차별해 내어주는 것은 암묵적인 계약을 파기함과 매한가지다. 실제로 한 식당에서 이런 일이 벌어져 파출소에 신고하고 경찰이 출동하는 촌극이 벌어지기도 했다.

계포일낙(季布一諾)이라는 말이 있다. 계포가 허락한 한마디의 말이자 절대적으로 신뢰할 수 있는 승낙을 의미한다. 한 번 한 약속을 반드시 지킨다는 뜻이다. 계포는 원래 초(楚)나라 명장이었으나 항우가 죽은 뒤 한나라 고조 유방을 섬긴 무장으로 그는 일단 승낙한 일은 틀림없이 실행했다. 그래서 초나라 사람들이 '황금 백 근을 얻는 것보다 계포의 일낙을 얻는 것이 낫다'고 한 일에서 생긴 말이다.

계약서를 쓰지 않았더라도 세상엔 꼭 지켜야만 하는 일들이 많다. '이번 한번은 어때?'라는 안일한 마음이 여러분의 식당을 문닫게 하는 최악의 수가 될 수 있음을 명심하길 바란다.

03

요동치는 창업 시장에서
살아남으려면

코로나 전과 후의 대한민국 창업 시장, 이렇게 달라진다

장사를 그만두는 이들이 늘고 있다. 이 시국에 굳이 장사를 해야 하는 가라는 의문도 드는 것이 사실이다. 하지만 이 상황에서도 창업을 하는 이들은 분명히 존재한다. 그렇다면 중요한 것은 이 상황에 어떻게 창업을 하는 것 일까이다. 요 근래의 창업 시장 변화 중 코로나 19로 촉발된 것이 많다. 이제 창업은 코로나 19 발생 전과 후가 더욱 극명하게 그 양상을 달리 할 것이다. 창업을 원하는 이들은 이 변화의 추이를 유심히 지켜봐야 한다.

코로나 19로 바뀐 것 중 가장 주목할 것은 바로 '재택근무'이다. 코로나 19 전만 하더라도 재택근무는 일부 IT업계 혹은 특수한 직업 군에 해당하는 일이었다. 코로나 19로 강제적인 재택근무를 경험하게 된 바, 생산성과 효율성이 큰 차이가 없다는 것을 알게 된 기업과 개인의 인식이 재택근무에 대한 긍정적 인식이 퍼지게 됐다. 장소가 어디든 일을 할 수 있는 업무 환경이 마련돼 있기 때문이다.

또한 코로나 19 이후로 배달 서비스는 더욱 강화될 것이다. 내가 모르는 물건은 직접 만져보고 사야 하지만 아는 물건은 온라인으로 빠르고 쉽게 사는 것이 일상이 됐다. 2000년대 초반 온라인 쇼핑몰 부흥기 이후 침체의 길만 걷던 온라인 쇼핑몰 시장이 이제는 당일배송 시스템을 장착하며 사람들에게 더욱 인기를 얻기 시작했다. 예전에는 신선식품을 직접 보고 사야 했지만 이제는 컬리, 쿠팡 등을 통해 신선식품도 싱싱하게 배달을 받아볼 수 있게 됐다.

오프라인 창업에 있어서도 하나의 매장에서 하나의 아이템을 판매하던 방식이 변화 할 것이다. 공유주방 개념이 더욱 확대돼 배달만 하는 공유주방이 더욱 늘어날 것이다. 그간 푸드 코트를 마트나 백화점에서만 접했었다면 이제 도심형 프랜차이즈인 공유주방이 곳곳에 생겨나기 시작했다.

배달중심의 회사들이 늘어가면서 권리금이 비싼 상가에 업체들이 굳이 안 들어가도 된다. 지하나 옥상, C급 상권이라도 일정한 공간만 확보할 수 있다면 상관없어졌다. 상황이 이렇다 보니 창업 시장에 낀 거품이 자연스레 사라질 것이다. 현재의 창업은 실질적 창업이 가능하다. 배달 삼겹 창업비용이 3000만원으로 가능한 시대가 됐다. 매출은 오프라인 창업과 똑같지만, 보여지기 위한 창업에서 실질적인 창업으로 바뀌었다. 창업 컨설턴트도 패러다임이 바뀌어야 한다. 오프라인의 높은 권리금이 매겨져 있는 매장을 찾지 말고 합리적인 매장 자리를 발굴해야 한다.

오프라인 매장의 경우 건물 1층의 변화도 가속화 할 것이다. 코로나 19로 인해 온라인 창업이 활성화되고 배달이 강화되면서 오프라인 매장의 입지는 좁아져 갈 것이 자명한데, 이를 타개하기 위해 각 건물의 1층이

귀금속과 화장품 일색에서 휴게장소로 변신할 것이다.

사람들이 집에서 온라인에서만 쇼핑하는 것을 타파하기 위해 그들을 위한 휴식 공간을 확충, 1층에 유모차를 끌고 와 쉴 수 있도록 만드는 곳들이 많아질 것이다. 1층의 수익을 포기 하지만 사람들의 발길을 끌어 모을 수 있는 전략이다. 이미 일부 대형 몰에서 시범적으로 운영하고 있고 소기의 목적을 이루고 있는 전략이다. 특히 반려동물이나 아기를 데리고 나오는 부부들에게 1층의 휴식공간은 그 존재 자체로 오아시스다. 그들을 불러모으려면 1층의 수익은 과감히 포기해야 한다.

이 시기의 창업자만큼 용감한 이들이 없다. 불경기가 창업의 적기라지만 지금의 상황은 도를 넘은 상황이다. 하지만 이런 도를 넘는 상황에도 창업을 하려는 이들이라면 필자가 오늘 이야기 한 부분들은 기본적으로 인지 하고 있어야 한다. 백전 오십 승이라도 건지려면 그 기본은 지피지기 일 테니까.

'무인 창업'이 코로나 19 창업에 구원투수?
초기비용, 지역상권 분석 없이 성공 없다

코로나19 사태 이후 창업시장에 대대적인 '무인'바람이 불고 있다. 인간의 호흡기를 통해 퍼져가는 바이러스인 코로나 19 바이러스는 비대면을 일상으로 만들었고 이러한 삶의 양상은 곧 자영업자의 몰락으로 이어지고 있다. 창업시장은 이에 대한 대안을 하루빨리 찾아야 했다. 이에 '무인'은 코로나 19 바이러스에 대항해 자영업자가 선택할 수 있는 최고의 선택지가 되고 있다. 하지만 누구나가 무인창업을 선택한다고 해서 성공한다는 것은 불가능하다. 무인창업을 선택하기 전 반드시 고려해야 하는 것들이 있다.

코로나 19 사태 이전부터 창업시장은 최저임금 상승에 따른 인건비를 줄이기 위해 노력해 온 바 있다. 통계청이 지난해 11월4일 발표한 '2020년 8월 비임금근로 부가조사 결과'에 따르면 무급 가족종사자를 합친 비임금 근로자는 663만9000명이다. 이는 지지난해보다 16만1000명이나 감소한 것이다. 고용원이 있는 자영업자는 136만3000명으로 통계 전년 대비 17만2000명 줄었다. 하지만 고용원이 없는 자영업자는 419만3000명으로 6만6000명이나 증가했다. 이는 인건비를 아끼려는 노력이 코로나19사태 이전부터 있어왔다는 이야기다.

인건비 상승에 더해 코로나 19 바이러스까지 기승을 부리니 창업 업계는 예비 창업자의 니즈를 반영해 무인으로 운영이 가능한 아이템을 잇달아 선보이고 있다. 그 중 무인카페가 프랜차이즈 업계에서 빠르게 확산하고 있는 추세인데, 국내 20여 개정도의 브랜드가 존재한다. 세탁프랜차이즈 기업의 무인화도 점차 가속을 붙이고 있다. 특정 브랜드의 경우에는 낮 시간에는 세탁편의점과 셀프 빨래방으로, 심야시간에는 셀프 빨래방으로 무인 운영이 가한 게 특징이다. 상권과 소비 특성에 따라 창업자가 낮, 밤을 조정할 수도 있다.

스터디 카페에도 '무인운영'이 대세로 떠오르고 있다. 최근 집중이 필요한 작업을 하는 사람들에게 인기를 얻고 있다. 코로나19로 취업난이 심화하여 취업 준비를 하는 사람들도 스터디 카페를 찾고 있어 다양한 이용객을 확보하고 있다. 이용자들의 편의성 향상 외에도 가맹점주의 경우에는 키오스크를 활용한 무인 결제 시스템으로 매장 상주 인력을 줄일 수 있고, IoT 기술로 매장 관리가 가능하다.

무인창업은 예비 창업자들 사이에서 마치 구원투수가 된 것 같다. 지금의 불안한 상황을 타개할 능력 좋은 투수의 등판에 예비창업자들의 모든 희망을 걸고 있는 상황이다. 하지만 분명 무인창업에도 면밀한 분석과 조사가 선행 되야 한다.

일단 무인창업에는 초기 셋팅 비용이 필요하다. 사업장을 운영하고 관리까지 할 수 있는 시스템을 도입해야 하기 때문이다. 사업장이 무인으로 운영되려면 정상적으로 운영이 될 수 있는 시스템을 도입돼야 하기에 사업자금이 충분치 않은 이들에겐 부담스러운 창업아이템이다.

또한 무인이 잘 되는 업종은 따로 있다. 사업은 시작해 보지 않고서는 알 수 없는 부분들이 많다. 특히 무인 사업장의 경우 기존에 없던, 신설되는 추세인 사업장 유형이므로 단순히 발품을 팔아보는 방법으로는 정말 무인사업장에 맞는 업종인지 확인 할 방법이 없다. 명확하고 정확하게 파악하기 위해서는 가맹본부의 말보다는 이미 무인 창업을 한 선배들의 이야기에 귀를 기울이는 것이 현명하다.

끝으로 지역상권에 대한 분석이 필요하다. 같은 업종, 같은 브랜드라 할지라도 어떤 지역에서는 무인 사업장으로 높은 매출을 달성했을 수 있지만, 어떤 지역에서는 가게가 망하는 일이 허다하다. 이를 지역상권의 차이라 부르는데, 자신이 계획하고 있는 업종이 무인 사업장으로 어떤 지역에서 잘 되고 있는지 파악해야 한다. 이는 컨설팅을 받는 방법 혹은 나라에서 제공하는 무료 상권정보를 활용하는 방법을 강구 해야 할 것이다.

'고용보험료 지원과 고용유지지원금', 나홀로 사장님 위한 실질적인 정책이 나와야 한다

직원을 두지 않고 홀로 장사를 하는 '나홀로 사장님'이 늘고 있다. 사회적 거리두기와 영업시간 제한이 몇 달 째 계속되고 있는 가운데, 이 시간들을 소상공인들이 버틸 재간이 없는 것이다. 임대료에 직원 인건비까지 챙기려면 적자를 이어가는 부담스러운 상황이니 직원들을 내보낼 수 밖에 없는 악순환이 계속 되고 있다. 이번 글에서는 자영업자들에게 조금이나마 실질적인 도움이 될만한 직원유지를 위해 도움이 될 정책들을 소개하겠다.

통계청이 최근 발표한 올해 7월 고용동향에 따르면 비임금근로자 중 고용원 없는 '나홀로 사장님' 자영업자는 전년동월대비 8만 7000명 증가했다. 직원을 두지 않고 홀로 영업을 하는 자영업자가 30개월 연속 늘어났다. 이는 1990년대 외환위기, 2000년대 글로벌 금융위기를 뛰어넘는 최장 기록이다.

이렇듯 나홀로 사장님이 늘게 된 것은 자영업자들이 손님의 발길이 줄고 점차 상황이 나빠지면서 아르바이트 등 직원을 내보내거나, 아예 직원을 두지 않고 장사를 하게 된 것으로 추측된다. 특히 내년 최저임금이 인상이 확정된 상태에서 이를 타개할 대책이 필요하다는 현장의 목소리가 커져가고 있다.

나홀로 사장님의 직원 유지에 도움이 될 정책이 존재한다. 서울시에 따르면 1인 자영업자 고용보험 신규 가입자에 대해 3년간 매월 보험료의 30%를 지원한다. 시의 지원은 중소벤처기업부가 지원 중인 1인 자영업자 고용보험료 지원 사업과 중복해 혜택을 받을 수 있다. 이에 따라 한 달에 182만~208만원을 버는 소상공인(기준보수 1~2등급)의 경우, 최대 80%까지 보험료 혜택을 받을 수 있다.

서울시와 중기벤처부의 고용보험 지원을 받고자 하는 1인 자영업자는 우선 근로복지공단에서 고용보험에 가입하고, 서울시와 소상공인시장진흥공단에 각각 환급 신청을 해야 한다. 자세한 사항은 서울신용보증재단에 문의하면 된다.

직원을 둔 자영업자들에겐 고용유지지원금도 도움이 될 수 있다. 고용유지지원금이란 사업주가 근로자에게 제공하는 휴업, 휴직 수당에 대해 정부가 지원하는 보조금이다. 경영상황이 어렵더라도 인원을 줄이는 것 대신 고용유지를 장려하기 위한 제도다. 여기서 휴직은 일정한 기간 동안 근로자 신분은 유지하되 일을 쉬는 것을 말하며, 휴업은 전체 근로시간이 기존보다 20% 넘게 줄어드는 것을 말한다. 고용유지지원금은 1일 최대 6만 6천원이 지원되는데 고용위기지역과 특별지원업종은 지정 기간 동안 1일 최대 7만원까지 지원된다.

사회적 거리두기 4단계가 대체 언제쯤 끝이 날지 기약이 없다. 거리에 나서서 1인 시위를 하는 자영업자들의 마음이 십분 이해가 간다. 뾰족한 대책도 없이 4단계 거리두기가 길어지면서, 소상공인의 생계가 위협받고 있기 때문이다. 이 길고 긴 불황의 터널을 끝 낼 다양하고 적극적인 소상공인 보호 정책들이 하루빨리 나와야 한다. 정치권도 대선에 매몰돼 이 시대 소상공인들의 눈물을 모른 척 한다는 것은 그들 가슴 위 배지가 부끄러워지는 일일 것이다.

원조 앞지르는 미투브랜드, 미투방지법은 대체 언제?

고객을 유치하기 위한 경쟁력으로 '특허 출원'에 나서는 프랜차이즈 기업들이 있다. 특히 외식 프랜차이즈 기업들에게서 특허 출원을 자주 발견할 수 있다. 특허를 출원하면 브랜드의 차별성과 경쟁력 우위를 가질 수 있기도 하지만 '미투 브랜드'에 대한 대비책으로도 활용할 수 있어 외식 프랜차이즈 기업의 특허 출원이 계속되고 있다.

외식업계를 중심으로 '미투상품'에 대한 논란은 하루 이틀 일이 아니다. 공들여 만든 메뉴를 하루아침에 도둑맞는 일이 빈번하게 발생하고 있다. 핵심 재료는 물론 맛까지 경쟁사 제품과 흡사하게 출시하는 일이 계속되고 있지만, 이를 막을 뾰족한 방법이 부재한다는 점에서 문제가 되고 있다.

최근 코로나19 사태를 겪으면서 특정 음식 메뉴가 유행을 하면 비슷한 상품이 우후죽순 생기는 현상이 가속화 되고 있다. 요즘 인기가 높은 로제떡볶이, 가래떡 떡볶이, 에그 샌드위치, 차돌박이 전문점 등이 그 예가 될 것이다. 같은 아이템에 경쟁업체가 우후죽순 생겨나다 보니 소비자들은 그 메뉴를 처음 만든 곳이 어딘지도 모른다. 오히려 미투브랜드가 원조 브랜드의 인기를 앞지르기도 한다.

과거 대만 카스테라, 벌집 아이스크림, 흑당밀크티 등도 대표적인 예다. 이름과 레시피를 교묘하게 바꿔 비슷한 상품을 시장에 내놓기 다반사다. 미투브랜드는 시장 1위 브랜드나 인기 브랜드를 모방해 그 브랜드의 인기에 편승할 목적으로 만든 제품을 말한다. 미투브랜드로 인해 관련 시장이 확대되는 등 순기능도 있지만 경쟁사 간 소송전과 비방전 등 부작용 역시 적지 않다.

과거 대만카스테라, 과일소주, 마라탕, 흑당밀크티 등이 그 부작용을 제대로 겪은 바 있다. 별다른 차별화 없이 선도 브랜드의 메뉴와 제조 노하우를 그대로 베껴, 원작자는 수요를 뺏기고 심한 경우엔 사업을 접는 사태까지 일어날 수 있다.

전문가들은 조리법이 저작권이나 특허를 인정받기가 현실적으로 매우 어렵다고 말한다. 저작권법은 '인간의 사상 또는 감정을 표현한 창작물'에 적용되는데, 조리법은 이런 창작물이 아니라 음식을 만들기 위한 기능적 설명 또는 아이디어로 보는 것이 일반적이기 때문이다.

물론 특허가 맛을 보장하는 것은 아니다. 특허를 받았다고 해서 미슐랭 가이드에 실리는 것은 아니다. 하지만 특허를 받기 위한 업체들의 노력은 인정을 해줘야 한다. 전쟁터를 방불케 하는 외식 시장에서 특허가 하나의 무기로 사용 할 수 있다는 점에서 앞으로도 외식 프랜차이즈의 특허 개발을 계속될 것이다. 특히 미투 브랜드가 난립하는 요즘 같은 외식업계 풍토에서 특허는 하나의 안전장치로서의 역할도 하고 있다. 벤치마킹이라는 미명 하에 이뤄지고 있는 브랜드 베끼기가 외식 시장을 어지럽히고 있는데, 그것의 피해자가 바로 당신의 브랜드가 될 수 있다. 특허 출원을 해놓으면 혹시 모를 최악의 상황에서 특허가 구원의 손길을 내밀어 줄지도 모를 일이다. 특허 출원하는 입장에선 머리 아픈 일이겠지만 해놓고 나면 그만큼 든든한 아군도 없을 것이다.

국회에서도 재발 방지를 막기 위해 '미투 창업 방지법'이 발의돼 있지만, 수년 째 제대로 된 논의를 거치지 못하고 있는 상황인 것으로 안다. 업장의 노력도 필요하지만, 정부차원에서 미투브랜드를 미연에 방지할 수 있는 제도를 개발 하는 것 역시 중요하다고 생각한다.

'위드 코로나' 시대가 온다, '온라인'보다 '오프라인'에 진심 담아라

영화 '보이스'가 인기를 얻으며 보이스피싱에 대한 사람들의 경각심도 커지고 있다. 점조직으로 움직이며 선량한 이들에게 피해를 안기는 보이스피싱 악당들은 사회악으로 규정되고 있다. 하지만 이들과 비슷하게 사람들을 낚으며 피해를 입히는 사례가 온라인에 만연하다는 것을 알고 있는가? 바로 온라인 마케팅이라는 용어로 포장된 온라인 사기꾼들에 관한 이야기다.

외식기업에 몸을 담고 있거나 외식 홍보 기업에서 일을 해본 이들이라면 온라인에서 공공연하게 벌어지고 있는 사기행태들을 잘 알고 있을 것이다. 밥 한 끼, 술 한 잔 하기 위해 '맛집'이라는 키워드를 인터넷 검색창에 치면 무수히 많은 정보가 나온다. 그 정보들 중 '진짜'를 구별해 내는 것이 여간 쉽지 않다. 맛도 없고 서비스도 엉망인 식당들이 호객행위를 하고 있는 가짜 글들이 넘쳐난다.

외식업을 운영하는 이들만큼 온라인 홍보에 열을 올리는 이들도 없다.

실제 많은 잠재 고객들이 인터넷을 통해 맛집 검색을 하는 시대이니만큼 당연한 순리 일 수 있다. 하지만 자신의 점포를 사람들에게 홍보하는 수단으로 꼭 온라인만을 집착하는 것은 정답이 아니라고 생각한다. 온라인 마케팅과 홍보보다 중요한 '어떤 것'을 외식 창업자들이 간과하고 있는 것은 아닌지 의문이 든다.

외식업에 뛰어든 창업자는 점포의 홍보를 위해 수많은 고민을 하게 된다. 프랜차이즈 점포야 본사에서 홍보와 마케팅에 대한 부분을 지원해주고 가이드를 제시해주니 그 고민이 한결 가볍지만 프랜차이즈가 아닌 일반 외식 점포의 대표라면 고민의 무게는 나날이 무거워진다. 전단지 제작도 생각해볼 것이며, 입간판 혹은 네온 사인 등으로 고객의 시선을 끌어도 보고 싶어질 것이다. 물론 온라인 마케팅은 1순위 홍보 방안으로 이미 고려하고 있을 것이다. 이유인즉슨 온라인 마케팅을 남들이 다 하기도 하거니와, 그럴싸한 말들로 약간의 조작(?)을 가미해 글을 써서 홍보해 준다니 귀가 솔깃할 수밖에 없다. 이에 맛 집 키워드 검색, 블로그 작성, 그 외 인스타그램이나 페이스북을 활용한 SNS 마케팅을 적극 시도해 볼 것이다.

외식업자들과 계약을 하고 온라인 마케팅을 펼치는 업체들의 실행 프로세스는 대략 이렇다. 예를 들어 블로그를 작업한다고 하면, 마케팅회사에서 식당을 인원을 보내 음식과 식당 사진을 찍게 한다. 그 자료들을 바탕으로 파워블로그에게 넘겨서 쓰게 하거나, 동시다발적으로 저렴한 품질의 블로거들에게 뿌려 개수를 채우는 식이다. 블로그의 시나리오는 물론 블로거들이 직접 다녀오는 식으로 키워드 노출이 용이하도록 키워드 작업도 병행한다. 소비자들이 검색어를 넣으면 그들에게 잘 보여지게 하기 위해 업체 간 경쟁도 펼쳐진다. 소비자들은 그 업체간 경쟁에서 승리한 자의 블로그를 보며 정보를 얻어가는 것이다. 맛도, 서비스도 검증이 안된 철저히 조작된 정보를 말이다.

남들 다 하는 온라인 마케팅, 하지 말라는 이야기는 아니다. 다만 온라인 마케팅에 생각이 함몰되어 정작 자신의 점포를 찾아오는 고객들에게 서비스를 등한시 하지 말라는 이야기를 하고 싶다. 자신이 융통할 수 있고, 점포를 원활하게 운영할 수 있는 자금의 범위를 넘어서까지 온라인 홍보에 집착하는 이들이 많다. 이들의 특징 중 하나는 온라인을 통한 고객의 반응에는 민감하게 반응하면서 정작 실제 자신의 점포 내에서 발생하는 소소하지만 중요한 부분들을 간과한다. 자신의 점포를 고객에게 홍보하는데 있어 가장 중요한 것은 찾아주는 고객을 다시금 방문하게 하는 점포 구성원의 마음가짐과 행동이라고 생각한다.

메뉴가 많아야 성공한다?
대표 메뉴 하나로만 승부하라

코로나19가 성행하기 몇 해 전, 지인 중 프랜차이즈를 운영하는 대표가 인도네시아 진출을 고민하는 것을 곁에서 지켜본 적이 있다. 그는 떡볶이를 주 메뉴로 승부하는 프랜차이즈를 운영했었는데, 인도네시아에선 단일메뉴보단 다(多)메뉴가 인기가 좋아 어떤 음식을 같이 넣어 들어갈 것인가가 고민의 주된 것이었다. 이렇듯 음식은 어느 곳에서 창업을 결정하는지에 따라 어떤 메뉴를 넣어야 하는지가 달라진다. 상권이 어떻게 형성되었는가도 메뉴 개발의 중요 지표다. 하지만 길게 창업을 영위하고 싶은 이라면 아직 한국사회에서는 뚝심있는 단일메뉴로의 승부가 더 유리한 측면이 있다는 것을 명심하길 바란다.

단일메뉴로 창업을 했다가도 '메뉴를 늘리고 싶은 욕망'은 창업한 지 몇 년이 지나면 빈번히 차오르게 된다. 창업 전 분명히 대표 메뉴를 정하고 그것에 매진을 하자고 다짐을 했음에도 불구하고, 메뉴를 늘려 고객을 더 끌어들이고 싶은 욕망은 하루에도 수 십 번씩 피어 오른다. 이것만 추가하면, 저것만 추가하면 외식업이 성공으로 치달을 것 같을 것이다. 뚝심 있게 대표 메뉴 한 가지로 외식경영을 하는 이에게 성공의 문을 더욱 활짝 열려 있다. 이는 오랜 시간 대표 메뉴 하나로 식당을 운영해 온 필자의 경험담이다.

인간의 눈을 멀게 하고 귀를 먹게 하는 것은 오롯이 인간의 욕망이다. 한 가지 색이 단조로워 세상에 존재하는 모든 색을 갖추다 한들, 소리가 심심해 모든 종류의 소리와 음악을 다 얻는다 한들 그것은 절대로 한데 어우러지지 못한다. 외식창업자들도 이와 마찬가지다. 자신의 대표 메뉴를 믿지 못하고 점차 메뉴가 늘어나다 보면 식당의 정체성은 불분명해지고 어디서나 흔한 개성 없는 식당으로 남게 된다. 가도 그만 안가도 그만, 단지 배를 채우기 위해 들르는 식당이 되고 마는 것이다.

남들과 다르게 만들 수 있는 한 가지의 음식이 있는가? 그 음식을 먹어본 이들이 모두 긍정적이고 희망찬 비전을 제시해 주던가? 그렇다면 자신의 메뉴를 믿으면 된다. 영업 초반 장사가 잘 되지 않는다고 불안한 마음이 들어 이 메뉴, 저 메뉴를 만들어서 내놓다 보면 오는 손님들도 헷갈리고 만드는 입장에서도 자신이 없어져 악순환이 반복될 뿐이다. 고객은 자신이 갔던 식당의 메뉴 중 두 개, 세 개의 메뉴를 기억하지 않는다. 식당을 떠올릴 때 대표 메뉴 하나만 기억한다. '이 식당은 이것이 맛이 있었고, 저 식당은 이것이 맛있는데 오늘은 여기로 가볼까?'라는 선택의 프로세스를 거치는 것이다.

만약 이렇게 저렇게 해도 도무지 머릿속을 맴돌며 판단을 흐리게 하는 메뉴 확장의 욕망을 참지 못할 때에는 대표메뉴와 함께 즐길 수 있는 사이드 메뉴를 개발 할 것을 추천한다. 대표메뉴와 함께 곁들이면 좋은 가

벼운 음식을 개발해 서비스 하면 테이블 객단가도 높아질뿐더러 대표 메
뉴에 대한 사람들의 호응도가 점차 올라갈 것이다. 김치찜 식당이 김치
찜과 어울리는 계란말이를 내놓듯이 말이다. 단 하나의 대표메뉴와 그와
어울리는 사이드 메뉴의 힘은 우리의 생각보다 훨씬 강력하다.

　앞서 이야기 했던 인도네시아 진출을 고민하던 프랜차이즈 대표는 결
국 인도네시아 진출을 포기했다. 자신이 없는 메뉴를 곁들여 성공할 자
신이 없기 때문이었다. 당시에는 아쉬웠겠지만 현재 그 프랜차이즈는 강
력한 단일메뉴와 그와 어울리는 사이드 메뉴 개발로 코로나 19 시대에도
굳건히 버티고 있다.

함부로 따라 만들지 말라, 최소한 6P의 고민을 해야 한다

중국은 이른바 짝퉁의 국가다. 잘 만들어 놓은 상품을 교묘하게 베껴 그럴싸하게 만들어 놓는다. 이에 세계의 지탄을 받음에도 그들의 잘못된 행태는 그칠 줄 모른다. 우리나라에서도 중국 짝퉁에 대한 원성은 이미 자자하다. 하지만 외식업에서만큼은 우리가 중국을 욕할 것이 있을까 싶다. 대박 메뉴가 등장하면 그에 따른 아류작들이 빈번하게 등장하고 서로가 원조이네 싸우는 광경을 심심찮게 볼 수 있다. 새로운 메뉴에 대한 고민 없이 누군가 잘 만들어 놓은 메뉴를 메뉴명만 바꿔 판매하는 이런 일련의 행위들은 외식 산업 전반에 걸쳐 악영향을 끼치고 있다. 새로운 메뉴에 대한 고민, 그렇게 막막하고 어려운 일이 아닌데도 말이다.

한국인을 가리켜 뚝배기에 비유하는 이들이 많다. 우직하고 정감 넘치며 투박한 성질이 한국인과 꼭 맞아떨어진다는 것이다. 기저에 칭찬이 깔려 있는 긍정적인 비유다. 하지만 이런 한국인이 유독 '유행'에 있어서만큼은 뚝배기의 진득하고 무던한 면이 나타나지 않는다. 오히려 금방

끓고 금방 식는 냄비와 그 성질이 더 맞닿아있다.

한국인의 냄비성질을 가장 빠르게 피부에 체감할 수 있는 것은 바로 유행을 맞닥뜨렸을 때다. 창업 시장은 유행이 빠르게 왔다 가는 분야다. 특히 외식 시장은 그 속도가 더욱 빠르다. 그간 한국 외식시장에서 강렬하게 등장했다가 소리소문도 없이 사라진 메뉴들, 더 나아가 브랜드들은 헤아릴 수 없다. 대왕 카스텔라, 벌집삼겹살, 벌집 아이스크림, 찜닭, 와인 숙성 삼겹살 등이 있다. 이 브랜드들은 한 때 줄을 서서 기다리며 먹어야 할 만큼 전국적으로 선풍적인 인기를 끌었던 브랜드다. 그런데 이 수많은 인기 브랜드가 왜 한 순간에 사라져 버린 것일까. 금방 타올랐다가 금새 꺼져가는 한국인의 냄비 성질은 물론이거니와 동의 없는 무분별한 벤치마킹이 불러온 비극들이었다.

외식 창업자가 새로운 메뉴를 고려할 때 참고할 만한 것이 있다. 마케팅 업계에선 이미 유명한데, 바로 6P를 체크하는 것이다. 제품이 나오고 그것을 판매하기 까지 고려해야 할 것들을 정리한 용어인데, 이는 신제품 개발에도 그대로 투영할 수 있다. 6P란 제품 및 서비스 (product), 가격 (price), 판매장소(place), 프로모션(promotion), 사람(people), 공공(public)이다. 이를 잘 체크하기만 해도 신메뉴 개발에 대한 포인트가 잡힌다.

예를 들어 자신이 가장 맛있고 잘 만들 수 있는 메뉴를 선정 했다 하자. 그렇다면 이미 제품 및 서비스 (product)는 끝났다. 여기서 이제 판매장소를 정한 후 어떤 사람들을 공략할지에 대한 고민을 해야 한다. 이것이 바로 판매장소(place), 사람(people)에 대한 고민이다. 이후 재료비 및 인건비, 임대료 등을 고려해 가격(price)을 결정하고 메뉴에 대한 전반적인 마케팅 계획을 수립하면 프로모션(promotion) 단계가 끝이 난다. 이후 대상을 넓혀 판촉

활동을 하는 공공(public)의 영역으로 도달하면 끝이다.

자신의 상점에서 판매 할 신메뉴 혹은 신제품을 이러한 과정 없이 내 놓는다는 것은 장사에 대한 의지의 문제라고 봐야 한다. 의지가 없으니 남들이 만든 메뉴를 아무 죄책감 없이 따라 만들어 판매하는 것이고 이에 대한 성공을 맛본 이들은 앞으로도 6P의 고민 없이 누군가 만들어 놓은 것을 계속 따라 만드는 악순환이 반복되는 것이다. 짝퉁의 천국인 중국을 욕 하지 마라. 적어도 짝퉁이 버젓이 판치는 한국 외식시장의 문제가 해결될 때까지는 말이다. 자신의 점포에 애정이 있고 사활을 걸었다면 6P에 대한 심도 있는 고민은 해봐야 하는 것 아닐까? 아무 고민 없이 따라 만든 신제품은 결국 창업자 자신의 목을 옥죄는 고민거리로 되돌아 올 것이다.

한국인과 그릇의 상관관계, 그릇이 마음을 움직인다

자고로 외식업을 하는 사람이라면, 그릇 선택에 신중을 기해야 한다. 음식에 따라 그릇의 종류가 변화해야 한다. 음식과 그릇을 따로 생각할 수 없다. 하지만 아직까지 많은 외식 창업자들은 그릇의 중요성을 간과한다. 음식 재료와 맛에만 신경을 쓰지, 음식을 담아내는 그릇은 도통 신경 쓰려 하지 않는다. 물론 음식 재료와 맛에 신경 쓰는 외식창업자는 훌륭한 사람이다. 하지만 그것만으로 벌이가 괜찮을지는 모르겠다. 노력하는 만큼 돈을 벌고 싶다면, 그릇이 고객의 마음을 움직이는 중요한 포인트라는 것을 이제는 알아야 한다.

그릇에도 역사가 존재한다. 조선시대에는 구리의 공급이 원활하지 못해 놋그릇이 귀한 대접을 받았다. 몇 안 되는 광산에서 구리를 모두 채굴해 사찰의 범종을 만드는데 써버렸기 때문이다. 구리로 만드는 엽전도 공급량이 부족해 곤란을 겪을 정도였다. 1960년대 중반 스테인리스 스틸 그릇이 나오자 한국인들은 일거에 놋그릇을 고물상에 내다 버렸다고 한다. 녹이 슬지 않고 관리가 편한 스텐 그릇은 산업화의 시대정신과 맞물려 대환영을 받았다.

스텐 공기가 식그릇의 표준이 된 데는 수급이 불안정했던 정부의 쌀 소비 정책과 관련이 있다. 1973년 서울시장은 표준식단을 제시하고 대중식당에서 반드시 스텐 밥 공기를 사용하도록 하면서, 공기의 사이즈까지 지침을 내렸다.

시대가 달라지고 권력층이 바뀌면서 한국인의 밥상에 올라가는 그릇들의 재질과 모양도 점차 바뀌어왔다. 취향을 반영하여 선택할 수 있게 됐고 식사의 T.P.O(시간, 장소, 상황)에 따라 그릇의 쓰임을 달리 할 수 있는 시대가 됐다.

한국의 가정집에서는 손님이 올 때를 대비해 정갈하고 예쁜 그릇들은 아껴두었다가, 손님이 오면 음식을 정갈하게 그 그릇들에 담아내곤 한다. 필자의 어머니도 좋은 그릇들을 찬장에 고이 모셔뒀다가 귀한 손님이 올 때면 꺼내곤 하셨다.

하지만 애석하게도 한국의 식당엔 찾아오는 손님을 위한 그릇이 없다시피 하다. 예로부터 지금까지 말이다. 맛만 좋으면 그것을 담아내는 것이 무엇이 중요하냐는 식당 주인의 무신경함이 당연하게 여겨지고 있다.

다행인 것은 점차 그릇의 중요성을 알아가는 외식업체가 조금이나마 늘고 있다는 점이다. 식사의 T.P.O에 맞는 제대로 된 그릇들이 고객을 점차 자주 맞이한다는 것은 고무적인 현상이다.

장사가 잘되는 식당을 살펴보면 그 집만이 고집하고 있는 특별한 점이 존재한다. 가령 인테리어나 음식의 맛, 고품질의 서비스 등 고객이 식당을 찾아가게 되는 포인트를 식당 주인들은 더욱 발전시켜 강화한다. 그릇 역시 장사가 잘 되는 식당의 포인트가 될 수 있다.

입을 만족시키는 새로운 맛, 눈을 만족시키는 화려한 인테리어보다 더욱 고객들의 찬사를 받을 수 있다. 그릇은 사람의 정서를 환기시켜 주기 때문이다.

요즘 유튜버들 사이에서 에르메스 그릇이 인기라고 한다. 고객들에게 에르메스 그릇에 음식을 담아주면 좋아할까? 행여 상처라도 날까 음식이 입으로 들어가는지 코로 들어가는지 정신이 없을 것 같다. 무조건 비싼 그릇을 써야 손님을 위하는 게 아니다.

찌그러진 막걸리 잔에서 하루의 고단함을 잊게 만들고, 하얀 무늬가 찍힌 파란 플라스틱 그릇은 학창시절 친구들과의 추억을 생각나게 한다. 한정식 식당의 정갈한 도기그릇은 식사상황의 중대함을 환기시킨다. 오감보다 강렬한 정서를 불러일으키는 그릇의 힘. 대한민국 외식 창업자들이 한 번쯤 심사숙고 해야 할 부분이다

창업에 '나만 잘하면 돼'란 마인드는 금물, 손님에겐 종업원도 사장이다
-구맹주산을 기억하라 Ⅱ

창업은 일종의 협동이다. '나만 잘하면 되지'라는 마음으로 창업을 결심했다면, 아예 시작하지 않는 것이 낫다. 창업자의 열심히 하겠다는 각오를 깎아 내릴 생각은 추호도 없다. 창업을 한다는 들뜬 마음에 분주히 움직이는 부지런함에도 태클을 걸 생각 역시 없다. 다만 고객들을 맞이함에 있어 '나만 잘 하면 돼지'라는 생각은 위험하다. 우리 점포를 찾아 준 고객을 다시금 오게 만들려면 '나, 그리고 모두가 같은 교육에 대해 진지하게 접근할 필요가 있다.

필자가 강의를 할 때 수강생들에게 자주 언급하는 사자성어가 있다. 그리고 거기에 얽힌 일화도 있다. 바로 "사나운 개가 술을 시어지게 한다"라는 뜻을 가진 구맹주산(狗猛酒酸)이라는 사자성어에 얽힌 이야기다. 어느 주막에 주인의 말을 잘 듣는 개 한 마리가 있었는데, 그 개는 낯선 사람만 보면 짖어대고 무척 사납게 굴었다. 하지만 정작 그 개의 주인은 그 사실을 모르고 있었고 시간이 지날수록 손님은 오지 않게 됐다. 손님이 없으니 팔리지 않는 술과 안주는 온통 시어져 버릴 지경이 되었다. 개가 주인에게는 꼬리치고 복종을 했지만, 손님에게는 뾰족한 이빨을 드러내고 사납게 군 것을 몰랐기에 주인은 오지 않는 손님만 원망했다.

구맹주산의 이야기를 곱씹어보면 창업자가 곱씹어 봐야 할, 생각해봐야 할 것들이 많다. 창업을 할 때 '나만 잘 하면 돼지'라는 생각이 위험하다는 것도 구맹주산의 이야기에서부터 비롯한다. 창업자가 아무리 혼자 인사를 잘하고 서비스가 좋고 고객 응대가 좋다 하더라도, 그와 함께 일하고 있는 종업원들이 그와 달리 난폭하고, 경우 없게 군다면 그 가게는 인기를 얻지 못한다.

생각을 해보자. 우리가 어떤 가게에 들어갔을 때 우리의 첫 인상은 자신을 맞이하는 가게의 누군가에 의해 결정 될 때가 많다. 첫 번째로 맞이하는 사람이 누구인가에 따라서 그 가게에 대한 이미지가 달라진다는 이야기다. 물론 홀로 일하는 업소라면 괜찮을 테지만 종업원을 두고 장사를 하는 곳이라면 자신 말고 종업원이 고객과 처음 만나게 될 때가 많을 것이다. 주인은 한 명이고 점원은 열 명이라면 주인 혼자 손님을 맞아봤자 동시에 두 세 명을 맞을 순 없다. 직원 교육을 제대로 시키지 않고 자신만 친절하고 부지런하다고 해서 그 가게가 잘 운영 될 리 없다. 불량한 태도를 지닌 점원들이 가게에 상주하고 있다면, 주인이 맞이하지 않는 수많은 고객들은 다시는 그 가게를 찾지 않을 것이다.

창업하는 이들, 특히 외식업을 하는 이들에게 매번 하는 이야기가 있다. 주인이 테이블 한 손님 더 시중 든다고 가게 매출이 오르는 것이 아니다. 가게의 주인은 직원의 서비스 마인드 교육을 철저히 해야 하고, 그들이 제대로 고객을 맞이하고 있는지 항시 체크해야 한다.

직원은 사장에겐 언제나 친절하기 마련이다. 그런 이중적인 모습을 가진 이들이 실제로 많다. 그들이 내게 보이는 친절한 미소를 고객들에게도 내보이는지, 사나운 개가 돼서 고객들을 쫓고 있는 것은 아닌지 철저하게 주시해야 한다. '내가 하는 것을 보고 절로 알아서 하겠지'라는 기대는 하지 않는 것이 좋다. 사람이 다 내 마음 같을 순 없다.

창업은 교육에서부터 시작된다. 서비스도 직원들에게 교육을 통해 몸과 마음에 습득이 되게 만들어야 한다. 교육이 없는 창업, 단언컨대 성공과 멀어지는 지름길이다. 성공하고 싶다면, 주인이던 종업원이던 항시 친절함과 질 높은 서비스 마인드를 제공하는 것이 기본 중에 기본이다.

소형평수 창업에도
전략이 필요하다

연일 최고기록이다. 코로나19 확진자가 자고 일어나면 점점 불어난다. 백신도 뚫어버리는 돌파감염도 잇따르고 있어 전국민의 우려가 끊이지 않는다. 하지만 이런 상황에서도 우리는 밥벌이를 해야 하고, 창업을 계획하는 이도 있다. 하지만 현재의 상황에서 보통의 창업으로는 도저히 답이 보이지 않는다. 불경기에 맞는 전략적인 창업이 필요할 진데, 그 중 소형매장 창업도 한 방법이 될 수 있다.

현재 대한민국 외식 창업시장은 이분화됐다고 볼 수 있다. 어마어마한 고가의 메뉴를 팔거나 가격 부담을 전혀 느끼지 못하는 저가의 메뉴를 팔거나로 말이다. 하지만 매장의 규모에 대해선 창업자들이 갈피를 잡지 못했었는데, 요즘 들어 소형매장을 원하는 이들이 부쩍 늘고 있다.

소형 매장을 원하는 이들의 마음은 십분 이해하고도 남음이다. 불안전한 시대에 리스크를 줄이고 싶고, 최저임금 인상으로 사람을 많이 두고 쓰는 업종은 도무지 내키지 않는 그 마음을 말이다.

비록 벌이는 줄어들지라도 나가는 돈을 아끼는 것이 현명한 이 세상의 새로운 법칙을 예비창업자들도 뼈저리게 공감하고 있을 터다. 매스컴에서도 하루가 멀다 하고 자영업자의 폐업 소식 및 최저임금인상에 대해 보도하니 예비창업자들의 마음은 불안할 수 밖에 없다. 조금이지만 내 재산을 지키고 싶은 마음, 그 누가 다를 것인가.

하지만 소형매장이라도 해도 어떻게 운영을 하는지에 따라 순수익의 향방이 갈린다. 요즘에는 테이크 아웃을 전문으로 소형매장을 운영하는 창업자들이 늘고 있다. 매장에 손님을 위한 테이블을 놓지 않고 상품이나 주방만 놓고서 판매하는 방식이다. 이렇게 되면 그리 큰 평수의 점포도 필요치 않고 직원을 많이 둘 이유도 없어진다. 요즘 들어 테이크아웃 시장이 다시금 각광받고 있는 데에는 이런 이유가 작용했으리라 본다. 직원을 두지 않고 적은 평수에서 포장과 배달만 전문적으로 하는 것도 불경기에 좋은 외식 운영방안이다.

상대적으로 임대료와 인건비 걱정이 덜 한 소형 평수 창업은 앞으로도 활발히 일어날 것이다. 최저임금 인상은 확실해졌고, 임대료 역시 코로나의 최고점에서 동결 혹은 하락을 바라긴 무리가 따른다.

소형평수 창업을 선호하는 예비창업자들은 앞으로도 늘 테지만, 그들이 절대 간과해서는 안 될 것이 있다. 소형매장에서도 전략이 필요하다는 것. 개인 사업을 하더라도 차별화 된 지점을 반드시 구현해야 하며, 프랜차이즈를 선택할 땐 프랜차이즈의 매출 상승 방안을 꼼꼼히 들여다봐야 한다. 땀 흘려 번 돈이 당신의 작은 매장 안에서 공중으로 분해될지, 더 큰 결실로 돌아올지에 대한 운명을 절대 하늘에 맡기지 마라. 고고한 백조의 우아함과 여유로움이 부럽다면 물 밑 백조의 거센 물장구질 역시 감내 해야 한다.

소비자와 음식점 그리고 배달대행,
'윈윈윈' 전략이 필요하다

배달의 민족, 배달통, 요기요 등 배달 전문 앱이 대한민국 외식 문화의 트렌드를 이끌어 가고 있다. '배달 음식=짜장면, 족발, 피자, 치킨'이라는 공식이 깨지고 이제는 회를 비롯해 곱창, 부대찌개, 빵까지 배달해 먹을 수 있게 됐다. 심지어 커피는 물론 한식뷔페 메뉴까지 배달해 먹을 수 있다고 하니 시대가 정말 달라짐을 느낀다. 이제는 배달을 하지 않고서는 장사를 하기 어려운 시대가 됐는데, 이로 인해 나타날 수 있는 다양한 사회문제들도 우리는 곱씹어볼 필요가 있다.

한국소비자단체협의회 등에 따르면 2018년 배달의 민족·요기요·배달통 등 3대 배달앱을 통한 주문액은 약 5조원에 달한다고 한다. 2013년에 비해 10배 이상 시장 규모가 커진 것이다. 특히 배달앱 시장에서 절반 이상의 점유율을 확보한 배달의 민족은 2018년 매출이 전년 848억 원보다 두 배 늘어난 1625억 원을 기록했다고 한다. 영업이익은 216억 원으로 전년 24억 원보다 약 9배 증가했다.

이처럼 배달문화의 급격한 확산은 외식업계에 새로운 화두를 던지고 있다. 소비자가 원하는 채널에서 원하는 방식으로 소비할 수 있도록 해 주는 것이 중요해 진 것이다. 특히 모바일을 사용해 배달을 주문하는 이들이 대다수이기 때문에 외식업체들은 이들과의 접점을 맞추기 위한 마케팅과 영업 계획이 필요해 졌다.

창업 형태 역시 많은 부분 변화가 생겼다. 배달만을 전문적으로 하는 업체가 늘어났고 무 점포, 소규모 창업은 앞으로 더욱 득세할 전망이다. 하지만 이런 외식업계의 변화가 모두에게 해피 엔딩이 되고 있지 않다. 배달앱 이용에 따른 수수료가 오히려 자영업자들의 부담을 가중시키고 있다. 실제로 언론에 따르면 자영업자들 사이에서 '울며 겨자 먹기' 식으로 배달앱을 사용하는 경우도 적지 않다고 보도했다.

언론사 뉴스에 따르면 배달대행업체 A사는 서울 강동구에서 지난 12일부터 배달대행 기본비용을 3천 원대 초반에서 음식점에 따라 4천 180원 또는 4천 950원으로 인상했다. 이 비용은 음식점이 부담한다고는 하지만 이는 음식값의 인상으로 귀결되는 악순환의 시작일 것이다.

소비자들의 배달수수료에 대한 불만도 여기저기서 타져 나오고 있다. 예전에는 없었던 배달요금을 따로 책정하는 것이 트렌드가 되어 가다 보니 값을 더 주고 배달을 시켜먹는 느낌을 받기 때문이다. 특히 배달료에 대한 정책이나 기준이 아직은 전무하기 때문에 과도한 배달료를 요구하는 업체들도 적지 않아 소비자와 업주 간 마찰이 종종 생기곤 한다.

수도권에서 사회적 거리두기 4단계가 시행된 첫 주에 음식 배달 주문이 급증한 것으로 나타났다고 한다. 소비자, 배달대행사, 음식점 세 주체가 아주 바삐 상호작용을 한다는 것 일진데, 이들 중 요즘 웃고 있는 과연 누구 일 것인가. 세 주체 중 울며 겨자 먹기 식으로 억지로 이 흐름에 동참했다 느끼는 주체가 있다면, 곧 새로운 갈등이 폭발할 수 있다. 그런 일이 일어나기 전에 충분한 대화와 숙고로 소비자, 배달대행사, 음식점의 상호 '윈,윈,윈' 관계를 정립 할 필요가 있다.

사업자등록증 내고 싶다고요? 기업의 생명력을 오래 유지할 방법 모색이 먼저다

　군산에서 식당을 개업한 지 30년이 넘었다. 돌이켜 생각해보면 다사다난했던 순간들이 많았지만 잘 헤치며 견뎌왔다는 뿌듯함도 든다. 필자는 사업자등록증을 내고 사업을 시작한다는 것이 생명을 탄생시키는 것과 같다고 생각한다. 이 철학이 어쩌면 코로나 시대를 살아가는 자영업자들에게 작게나마 도움이 됐으면 한다.

　올해 2월부터 9월까지 폐업한 업체는 모두 10만 8117곳이라고 한다. 일부 자영업자들 중에는 폐업을 하고 싶지만 철거비용 부담으로 이도 저도 못하는 사람도 있다고 하니 실질적인 폐업 업체 수는 더 많을 것으로 짐작한다.

　주변 지인들이 간혹 사업자등록증을 발급받아 사업을 하는 것을 우습게 여기는 경우가 있다. 자신이 무슨 사업을 할 것이며 상호를 무엇으로 정하고 어떤 것에 주안점을 둬야겠다는 기본적인 사항도 점검하지 않는 사람도 있다. 이것이 아니면 안 된다라는 마음보다 이것 한번 해볼까라는 가벼운 마음으로 접근한다는 이야기다.

보통 사업을 하고자 마음먹으면 '이것이 앞으로 나와 가족을 먹고 사는 길'이라는 철학을 가져야 한다. 그렇기에 사업자등록증을 낸다는 것은 결혼해서 아이를 만드는 것과 다름없다고 생각한다. 아이를 낳기 전 우리는 이름을 무엇으로 정할지, 앞으로 어떤 사람이 됐으면 하는지, 교육은 어떻게 시킬 것인지 등 면밀하게 사유하고 결심하게 된다. 자신보다 더 잘 됐으면 하는 마음이 절로 드는 것이 아이를 키우는 부모라면 당연히 들 것이다. 그 마음을 사업에도 투영해야 한다.

필자는 생명의 탄생 목적이 '오래 잘 사는 것'에 있다고 생각한다. 태어났으면 열심히 살아야 하고, 치열하게 살아야 한다. 그리고 오래 살아야 한다. 오래 살려면 운동도 열심히 해야 하고 식단관리도 잘 해야 한다. 이는 성실이 바탕이 되는 건데, 사업도 성실을 바탕으로 이 사업체를 어떻게 하면 오래 살게 할지 끊임없이 연구하고 노력해야 한다.

또 한가지 예를 들자면 인간의 피에 해당하는 것이 사업체에서는 돈이다. 인간이 머리부터 발끝까지 피가 잘 돌아야 하는 것처럼 사업체에서는 돈이 잘 돌아야 한다. 그리고 회사의 구성원이 적재적소에서 피를 운반하며 역할 해 줄 때 비로소 사업체가 온전한 상태로 오래 살아갈 수 있는 것이다.

필자도 지난 30년 간 사업체를 오래 살게 하기 위해 각고의 노력을 해 왔다. 뭐 하나 허투루 선택한 것이 없으며 자식처럼, 생명처럼 다뤄왔다. 그리고 제일 중요한 것! 고객만족을 위해 세세한 부분까지 신경을 써 왔다. 예를 들어 여타 식당에 걸려 있는 '신발 분실 시 책임지지 않습니다' 라는 무책임한 운영 방식에 반기를 들었다. 고객에게 '신발 분실 시 책임

집니다'라는 문구를 통해 신뢰를 받고 있다. 물론 돈으로 배상한다는 의미도 있지만 고객들의 신발이 분실되지 않도록 철저히 감시하겠다는 의지가 담겨있다. 고객들의 신발이 분실되지 않게 신발장이 보이게 카운터 위치를 변경하는 노력을 거쳤다. 또한 화장실에 일회용 칫솔을 대거 구비해 놔 식사를 마친 손님들이 개운하게 양치를 할 수 있도록 배려했다. 이 모든 행동이 필자가 낳고 키운 사업체를 오랫동안 살게 하기 위한 노력들이다.

사업은 신중해야 한다. 하나의 생명을 탄생시키듯 말이다. '할 것 없는데 한번 해볼까'라는 가벼운 마음으로 사업을 시작했다가는 그 결말 역시 한없이 가벼울 것이다.

구전(口傳)의 힘, 향토음식점에서는
아직 유효하다

구전(口傳)동화는 유독 사람들의 기억에 오래 남는다. 문자가 아닌 말로 전달된 이야기여서 사람을 거치며 약간의 변형이 일어나지만 흥미진진한 건 마찬가지다. 요즘 시대에 '구전'은 약간은 올드(OLD)한 개념이라고 생각할 수도 있다. 하지만 구전은 현재도 우리에 삶에서 가장 중요한 커뮤니케이션 역할을 해내고 있다. 특히 우리네 먹거리를 이야기 할 때 그 가치는 더욱 커진다.

네이버 지식백과를 보면 구전은 "사람들의 입에서 입으로 전해지는 형태의 비공식 전달 과정. 구전을 일종의 커뮤니케이션으로 간주하여 구전 커뮤니케이션이라 부르기도 한다. 구전에 의해 전파되는 구전 정보는 광고와 같은 상업 정보와 견주어 보다 높은 신뢰성을 갖는 것으로 알려져 있다. 일반 상업 정보와 달리 소집단 커뮤니케이션 형태를 띠고 있어 수신자에게 미치는 영향력이 크다"라고 명시돼 있다.

생각을 해보면 구전이라는 것이 우리는 '할머니, 할아버지'의 입이라는 생각이 강하다. 하지만 구전은 현재도 이곳 저곳 여러 사람들의 입에서 오르내리는 이야기다. 자신이 알고 있는 감상이나 이야기를 다른 사람에게 건네면 그것이 구전이다.

향토음식점의 경우 그 특성상 업소의 평판이 중요한 요소로 작용한다. 구전의 영향을 많이 받게 되는 것이다. 사람들은 여행을 하거나 타 지역에 갔을 경우 입 소문이 나 있으며 언론에 많이 노출된 친숙한 음식을 찾게 된다. 그 지역에 가면 여러 향토음식 중에서도 구전이 많이 된 친숙한 향토음식이 비교적 믿을만하고 맛이나 품질도 괜찮을 것이라 가정하기 때문이다. 따라서 잘 알려진 향토음식은 잘 알려지지 않은 음식에 비해 자주 선택되며 이는 지역의 관광수익이나 향토음식점의 수입과 직결된다. 이처럼 향토음식의 인지도 구축은 지역홍보 및 경제발전에 있어서 필수적 조건이다. 하지만 이럼에도 불구하고 향토음식점에 대해서는 판매활동의 주요 수단으로써 광고, 홍보, 인적 판매, 판매촉진 등의 요소에 비해 구전 커뮤니케이션을 활용하는 경우가 매우 미미하고 이에 대한 연구도 빈약하다.

학술논문 '향토음식점 이용고객의 구전정보 이용 특성 분석'을 살펴보면 향토음식점에 대한 선택을 좌지우지하는 요소 중 가장 큰 비중을 차지하는 것이 '직접 경험해본 주위사람들의 추천과 주변 사람들을 통한 구전'으로 나타났다. 그 다음이 메스컴, 지역신문이나 잡지, 전단지에서의 소개다. 특히 전 연령층에서 TV나 지역신문 등의 매체에 비해 경험자나 주변인의 추천을 더 중요한 정보로 판단하고 있었다.

또한 학술논문에 따르면 향토음식점에 대한 구전 정보를 구할 때 소비자들이 중요시하는 속성에 대해 분석한 결과 음식의 맛, 서비스, 인지도,

가격 순으로 나타났으며 이는 음식자체의 맛이나 서비스, 가격 등에 대한 구전정보가 소비자들의 선택에 있어 가장 도움을 준 것으로 볼 수 있다.

향토음식점 구전동기에 있어서는 '맛, 영양, 품질 모두 현지에서만 유지할 수 있으므로', '향토음식을 통해 지역 방문 기억을 오래도록 남기기 위하여', '향토음식을 주전을 통해 적극적으로 알릴 필요가 있으므로' 순이었다. 각종 광고와 홍보가 넘쳐나는 시대에 살고 있지만 향토음식점을 선택하게 하려면 '구전'이 힘을 발휘해야 한다. 입에서 입으로 옮겨가는 구전의 힘을 믿고 향토음식점들은 현명한 홍보 마케팅을 펼쳐야 할 것이다.